Du bist mehr als dein Schicksal

Cristina Baglio

ISBN: 9798324888930

Imprint: Independently published

WIDMUNG

Dieses Buch widme ich dir.

Inhalt

DANKSAGUNG

Dieses Buch ist nicht nur das Produkt meiner eigenen Gedanken und Gefühle, sondern trägt auch die Spuren vieler Menschen, die mein Leben berührten. Es ist denjenigen gewidmet, die Schicksalsschläge erleiden mussten, aber den Mut und die Stärke fanden, trotzdem positiv zu bleiben. Euch allen möchte ich meine Bewunderung aussprechen, denn eure Resilienz und euer Durchhaltevermögen sind eine Inspiration für uns alle.

Ein herzliches Dankeschön gilt auch all jenen, die stets hilfsbereit sind und anderen Menschen in Not beistehen.

Besondere Anerkennung gebührt den Menschen, die während meiner Zeit in der Rehabilitationsklinik meine Wege kreuzten. Eure Geschichten, eure Stärke und euer unerschütterlicher Optimismus haben mich zutiefst inspiriert und begleiten mich auf meinem eigenen Weg. Möge dieses Buch ein Tribut an eure Tapferkeit und euren Kampfgeist sein.

Aufmerksamkeit gebührt auch dir, der oder die diese unterschiedlichen Lebenswege nun abgedruckt oder digital in den Händen hält. Ohne euch gäbe es keine Zuhörer/-innen.

Herzlichen Dank!

PROLOG

Was ein Glück, dass du die erste Seite meines Buches *Du bist mehr als dein Schicksal* aufschlägst. Ich bin voller Euphorie und Vorfreude, da du dich dazu entschieden hast, von mir und meinen Erlebnissen zu erfahren und ich verspreche dir, dass du diesen Entschluss nicht bereuen wirst. Diese Autobiografie knüpft an mein Debüt *Liebes Tagebuch* an, setzt aber die Lektüre dessen nicht voraus. Die Erlebnisse in meinen ersten beiden Büchern sind autobiografisch und real. Unter uns gesagt, hast du die Möglichkeit, mein Erlebtes wie ein bester Freund oder eine beste Freundin mitzuerleben. Mit dem kleinen Benefit, dass ich so ehrlich bin, wie in einem Tagebuch und dir verspreche, dass es keine einseitige Erzählung wird. Ich erzähle und zeige dir die unbeschönigte Realität mit meinen Gedanken und Gefühlen und lade dich immer wieder dazu ein, deine eigenen Emotionen dazu zu entwickeln. Ich werde dich also immer wieder gedanklich mitnehmen, dir Einblicke in bekannte Verhaltensmuster geben, dir meine Sonnen- und Schattenseiten zeigen und Themen ansprechen, die dich ganz sicher auch berühren oder sogar betreffen werden. Du fragst dich jetzt sicher, wieso du dir das Leben einer Fremden durchlesen solltest, geschweige denn mit einer Unbekannten in den Diskurs gehen solltest. Eine berechtigte Frage, die ich dir gern reizvoll machen möchte: Mein Name ist Cristina Baglio, ich bin aktuell 33 Jahre alt und stolze 1,59cm groß gewachsen. Ein großer Knirps, wenn du so möchtest. Es freut mich, dich kennenzulernen, und das ist keine Etikettenfloskel. Da mein Alter, meine Größe oder mein Name nicht viel über mich aussagen, gebe ich dir hier einen intuitiven Abriss: Ich bin diejenige im Freundes- und Bekanntenkreis, die am meisten und am humorvollsten erzählen kann und viel lacht. Ein positiver Mensch, der lieber scherzt als die ernste Miene zieht. Ein Mensch mit großem Mittelungsbedürfnis, denn ich halte ungern hinter dem Berg. Welcher Job könnte zu einer Person, die sich am liebsten selbst sprechen hört, am besten passen? Yes, indeed – Lehrerin. Engagiert mit Leib und Seele versuche ich alles, um Schülerinnen und Schüler dort abzuholen, wo ich damals nie abgeholt wurde. Eigentlich wollte ich nie Lehrerin werden. Ich bin da, wie man so schön sagt, irgendwie reingerutscht. Ungeplant reingerutscht, trage ich mittlerweile über fünf Jahre Berufserfahrung auf meinen Schultern, die mich nicht nur prägten, sondern mich auch mittlerweile als Person definieren. Ich bin gern Lehrerin.

Neben der Lehrertätigkeit versuche ich in der gleichen Intensität eine treue Seele für Partner, Freunde und Familie zu sein. Ich versuche, eine gesunde Balance zwischen eigenen und anderen Bedürfnissen herzustellen, fiel jedoch in der Vergangenheit eher in das Muster eines People Pleaser.

Ich bin das dritte und jüngste Kind einer französisch/italienischen Familie, die ihre kulturellen Besonderheiten erzieherisch und moralisch Jahrzehnte hinweg präsentierte und noch immer an ihnen festhält. La famiglia liebt sich, komme, was wolle.

Sie schwätzt also gern den ganzen Tag und schreibt dann auch noch Bücher – genau. Und wenn Geschwätz stilistisch aufgewertet werden soll, dann verpacke ich das in Gesang. Ich liebe es, zu singen und stand bereits auf kleinen Bühnen.

Schwätzt viel, singt gern, ist gesellig – easy. Du merkst, ich klinge wie ein extrovertierter Mensch. Es klingt alles makel- und problemlos. Autorin, Lehrerin, Geschwisterkind, Partnerin, Freundin, Sängerin, … *nicht schlecht.* Du mutmaßt eventuell, dass nicht alles so hübsch und perfekt ist, wie es vielleicht oberflächlich zu sein scheint.

Liebe/r Leser/-in, es gibt da die ein oder andere Hintertür, die ich in meinem Leben öffnen musste. Nicht nur mein Türchen, sondern auch das von einigen anderen Personen, die ich im Laufe meiner Geschichte kennenlernen durfte, welche mir zeigten, dass die Dinge in Wirklichkeit ganz anders waren. Aha-Momente, die man lange nicht mehr hatte. *Cliff-hanger, let's go – was ist passiert?*

Der Anlass meiner Geschichte und meiner späteren Persönlichkeitsentwicklung ist eine unerwartete Diagnose, die mich infolge eines epileptischen Anfalls am 23. November 2023 traf. Ein Datum, das ich mir aufgrund der Einfachheit gut merken kann – 23.11.23. Einfach war das, was kam, leider ganz und gar nicht. Ein Hirntumor wurde mir wenige Wochen später diagnostiziert und entfernt, und riss mich ohne Vorwarnung aus meinem vermeintlich aalglatten Leben. Allerdings – Plot Twist – schrieb ich mein erstes Buch „Liebes Tagebuch" wenige Tage nach der Operation. Woher der Drang und vor allem auch die kognitive Fähigkeit kam, dies sprachlich nach so einem traumatischen und einschränkenden Ereignis umzusetzen, kann ich dir nicht beantworten. Ich kann dir nur sagen, dass diese dunkle Zeit mir enorm Kraft gab und ich infolgedessen Möglichkeiten schuf, die ich vorher einfach unversucht gelassen hatte. **Das Schicksal klopft nicht mehrmals an die Tür. Du musst dich dazu entscheiden, das Schicksal selbst zum Gespräch einzuladen.** Während es also für mich, psychisch und physisch, beschissen lief, verwirklichten sich einige Motivationssprüche, die ich dir hier erspare. Ich kann dir nur sagen, dass mein Leben neue Fahrt aufnahm.

Autorin wurde ich also erst nach meiner Diagnose. Aus dem Bauch oder auch Kopf heraus, aber genau zur richtigen Zeit. Die beliebte, geschwätzige Lehrerin blieb ich aufgrund der Krankschreibung zunächst in ferner Erinnerung. Die treue Partnerin und Freundin war ich stets, allerdings optisch und innerlich verändert. Das Singen legte ich vorerst auf Eis und von Extrovertiertheit und Erzählschalk verabschiedete ich mich, um mich auf eine wertvolle Reise zu begeben und meinem Schicksal höchstpersönlich die Hand zu geben und … es zu einem ernsten Wörtchen mit seinem Vormund einzuladen, denn die Spielregeln für mein Leben bestimmt vor allem eine, und das bin ich!

Ich möchte dich also im Folgenden mitnehmen und dir zeigen, wie sich das Leben schlagartig verändern, was sich hinter Oberflächlichkeiten wirklich verbergen kann und wie wir unser Schicksal selbst verändern können.

Manche Reisen machen wir nicht, indem wir Orte verlassen und neue entdecken. Manche Reisen entstehen bereits in alltäglichen Situationen, denn gewisse Momente wollen erlebt werden. Halte inne, wann immer du es in deinem Leben oder während dieser Lektüre benötigst. Dieses Buch soll nicht in Hetze gelesen werden, sondern dir die Möglichkeit geben, Einblicke in mein und das Leben anderer zu erhalten. In deinem Tempo und mit all dem, was du im Moment brauchst. Du wirst immer wieder die Gelegenheit haben, dir selbst Fragen zu stellen. Wenn du also bereit dafür bist, freue ich mich sehr, wenn du dich dieser Herausforderung und dem Vergnügen stellst.

Ich bin Cristina Baglio und du? Findest du es nicht erstaunlich, dass du nach wenigen Zeilen bereits eine Verbindung zu mir aufgebaut hast, nur weil ich dich hin und wieder anspreche? Erlaube mir, diese Verbindung noch stärker aufzubauen, und lass dich auf meine Geschichte ein. Womöglich wirst du etwas lernen und dich nachhaltig verändern wie ich, wer weiß?

Du bist mehr als dein Schicksal

DER GOLDENE PALAST DES INNEREN FRIEDENS

Der Tag vor der Abreise war an Anspannung nicht zu übertreffen. Ich war so gereizt, dass mich die Abwesenheit meines Partners, welcher im Folgenden M. genannt wird, sogar nervte, obwohl er die letzten nötigen Besorgungen für mich erledigte. Auf Frühstück hatte ich kaum Lust und der Koffer war noch nicht gepackt. Ich hätte auch einfach stundenlang im Bett liegen können – das hätte meinen Antrieb exakt beschrieben. Irgendwann musste ich aber Kleidung waschen, trocknen und bereitlegen. Was packte man denn für einen Klinikaufenthalt nach einer Kraniotomie (so nennt man das, wenn sie einem im wahrsten Sinne des Wortes wie so ein paar Handwerker den Schädel aufsägen, googelt lieber keine Bilder) ein? Nach meinem letzten Erfahrungsschatz aus dem Krankenhaus reichten eine Leggings und zwei Kuschelpullover für eine Woche. Die ersten Tage verbrachte ich ohnehin in OP-Robe, komfortfreien Thrombosestrümpfen und Schlüppis. Da ich nun aber weder operiert noch in ein Krankhaus musste, sondern die Rehabilitation nach der Operation in Kassel antrat, sollte mein Koffer doch anders gepackt werden. Die Leggings und die Kuschelpullis kamen dennoch mit. Nebenbei aber nun auch sportliche Outfits und Badebekleidung. Was zusätzlich mitgeführt wurde, waren Angst,

Unsicherheit sowie ein ständiger Kontrolldrang, schon vorab wissen zu wollen, was ich wohl an welchen Tagen tragen würde. In einem Punkt war ich mir aber sicher: die Rehabilitation war notwendig. Die Reha-Klinik befand sich vier Stunden Autofahrt entfernt von zuhause. Da M. ebenfalls zwei Tage später beruflich für zehn Wochen abwesend sein würde, ließen wir beide unser Zuhause hinter uns. Demnach gab es für mich dort erstmal nichts zu vermissen. Ich arrangierte mich mit dem Gedanken, ebenfalls drei bis vier Wochen absent zu sein. Mal eben drei Wochen abwesend sein und nicht zu arbeiten, klingt in manchen Ohren ja sogar luxuriös.

„Jetzt geht es nur um dich! Genieß die Zeit und viel Spaß!"

Angekommen manifestierte sich dieser Spaß in Form eines altmodischen, in orangegelb gehaltenem Patientenzimmer, das als Komfortleistung über ein höhenverstellbares 45x45cm Bett, Notfallknöpfen, ein in der Wand integriertes, vergoldetes Radio sowie Sauerstoffarmaturen daneben verfügte. Nicht zu vergessen der behindertengerechte Stuhl, um die Toilette zu nutzen. M. und ich erblickten das Zimmer, das uns euphorisch präsentiert wurde, während ich mir die Tränen verdrückte und via Telepathie M. mitteilte, dass ich hier niemals schlafen würde. Nach meiner Kraniotomie hatte ich gelernt, dass ich nichts mehr aushalten wollte, was Unbehagen auslöste, sofern niemand aufgrund meiner Entscheidung leiden musste. Also formulierte ich freundlich und bestimmend, dass mir ein Komfortzimmer von der Krankenkasse bezahlt würde und ich, aufgrund meines unbeschwerten Schlafs, keine Modalitäten wie Verstellbarkeit oder Sauerstoff am Bett bräuchte. Zustimmend nickte M. mir zu und neckte mich zusätzlich, indem er das Zimmer als Palliativzimmer abstempelte. Zum Sterben war ich nicht angereist.

Ich wechselte glücklicherweise in ein anderes Zimmer, das zwar noch immer ein gewöhnungsbedürftiges Farbkonzept hatte – die

Vorhänge waren orange, die Möbel weiß, die Wände teilweise vergoldet und das Badezimmer hatte eine rosafarbene Duschkabine –, das aber kein ganz so arges Krankenhausgefühl mehr aufkommen ließ. Außerdem war ich mir sicher, dass dieses Scheherazade-Zimmer auch in Hotels als kleine Suite hätte angeboten werden können. Ich bezog das Zimmer noch immer betrübt, indem ich meinen Koffer in einer Ecke platzierte.

„Jetzt zieh nicht so ein Gesicht – schau mal, das Bett ist viel breiter als das andere", munterte M. mich auf.

„Ja, aber ich bin hier trotzdem gleich allein", jammerte ich wie ein Kleinkind, das nicht im Kindergarten abgestellt werden wollte.

M. war kein Fan von Nörgeleien und forderte mich immerzu auf, das Positive zu sehen. Ich konnte mich in dieser Situation allerdings nur an die bald anstehende Verabschiedung klammern, welche mir seit Tagen zu schaffen machte. An diesen Gedanken gefesselt, konnte es mir auch nicht besser gehen und so konnte ich auch die Reha-Klinik nicht urteilsfrei wahrnehmen. Um die Verabschiedung aus egoistischen Gründen in die Länge zu ziehen, bat ich M., mit mir im Speisesaal zu essen. Das Essen war vielseitig: von leichter, vitaler Kost über Vollkost und vegane Ernährung vermisste ich zunächst nichts. M. aß nichts, da er behauptete, keinen Hunger zu haben. Der Mann, der häufig im Überlebensmodus lebte, konnte auch den ganzen Tag ohne Essen und Trinken verbleiben. Nicht unbedingt mit mir, die sich, sobald sie das Haus verließ, sogenannte ‚Notfallriegel' und eine 1-Liter-Wasserflasche mitnahm. Man wusste ja nie, was passieren konnte! Wir beobachteten die Menschen im Speisesaal. Bitte stell dir nicht vor, dass wir be- oder verurteilten. Vielmehr analysierten wir potenzielle Patienten, mit denen ich in Kontakt treten konnte. Wir erkannten auf Anhieb, dass hier schon feste Grüppchen an Tischen zusammensaßen. Sie lachten und unterhielten sich lautstark. Es erschien eigenartig, dass sie so unbeschwert wirkten und die Stimmung an eine Schulkantine erinnerte. Ich ahnte schon während des Mittagessens, dass ich abends allein speisen würde. M. richtete sich langsam auf und mahnte: „Du hast gleich dein Aufnahmegespräch und ich habe noch vier Stunden Autofahrt vor mir. Wir sollten jetzt los!"

Stell dir jetzt ein trotziges Kind vor, das ‚Ich muss gar nichts!' schreit. Glaub mir, dass ich diese Variante ebenfalls im Sinn hatte, aber da wir nun nicht mehr im Kindesalter waren, mussten wir uns auch in dementsprechenden Situationen altersgerecht verhalten.

„Ich liebe dich und ich werde dich vermissen, aber wir schaffen das!", sagte M. mich fest in seinen Armen haltend.

Natürlich fing ich an zu weinen – dafür gab es kein Alter! Wein, wann immer dir danach ist und wenn du ihn trinken möchtest. Prost! Abschiede waren grausam, ob temporär oder für immer. Was ich aber erneut durch M. lernen und erfahren durfte, war die Relevanz der Länge während eines Abschieds. Er hielt ihn gern kurz. Eine feste Umarmung, ein ‚Ich liebe dich', ein ‚Ich werde dich vermissen' und ein ‚Ich muss jetzt los.' Die Wirkung hallte nach, denn das Vermissen begann, als ich mich aus seinen Armen löste. In diesem Gefühl wollte ich jetzt baden. Es war aber auch ein Vermissen, das ein Wiedersehen nach sich zog. Nachdem sich meine Gefühlswelt sortieren ließ, musste ich diese wieder während des Aufnahmegesprächs mit der Ärztin zerstreuen. Deine Aufgabe ist es nämlich dabei, die eigene Leidensgeschichte kurzerhand einer fremden Person darzulegen. Also stell dir vor, du erzählst kurzerhand, dass dir der Schädel geöffnet und ein Tumor entfernt wurde, du seitdem Medikamente gegen epileptische Krampfanfälle nehmen musst, welche dir auf die Psyche schlagen, du, seit du denken kannst, an einem Reizdarm leidest und jetzt gar nicht mehr weißt, wo vorn und wo hinten ist. So sprachen wir eine Stunde über mein diffuses Befinden und über mögliche therapeutische Angebote, die meine Gesundheit stärken könnten. Das gefiel mir, denn es ging nicht nur darum, Schmerzen systematisch zu lindern, sondern den Menschen so zu stärken, dass die Wehwehchen, die man eben eventuell nicht mehr heilen konnte, zu akzeptieren lernte. *Nuevas perspectivas* lautet der Titel eines spanischen Lehrbuchs, was auch meine darauffolgenden Tage perfekt beschreiben würde. Nach dem Aufnahmegespräch versuchte ich mir eine Orientierung im Gebäude zu verschaffen, was aufgrund von Alt- und Neubau und verschiedenen Stationsbereichen nicht ganz so einfach war. Meine Orientierung gestaltete sich in Farben. Rosafarbene Wände, roter Teppich, Backstein, vergoldete Wandleisten und natürlich Wegweiser mit Pfeilen, die mir trotzdem nicht halfen, wenn ich einen Raum suchte. Satte sieben Kilometer legte ich am ersten Tag zurück, um mein neues Ambiente mit nuevas Perspectivas zu erkunden.

Als das gefürchtete Abendessen nahte, eröffnete sich mir ein Kindheitstrauma vom Feinsten: ich saß allein an einem Tisch, während alle in ihren kleinen Gruppen plaudernd und essend kein Lebenszeichen von mir wahrnahmen. Das Gefühl einer Außenseiterin; der Neuen; einer, die keine Freunde hatte; eine, die nicht gesehen wurde, machte sich breit. Du merkst, das Dilemma schnürt man sich hiermit selbst, wenn alte Wunden nicht verheilt sind. Ich konnte mich leider nicht beruhigen, indem ich mir selbst Mut zusprach, dass das doch erst der erste Tag sei und ich doch eigentlich im weiteren Verlauf problemlos Kontakte knüpfen könnte. Die Sicht war betrübt, die Gedanken waren grau.

Am späten Abend wechselte eine Pflegerin der onkologischen Station einige Worte mit mir, und ich bin mir sicher, du hast diesen Typus Mensch in deinem Leben irgendwo auch einmal kennengelernt. Sie war sportlich, trug kurzes, blondgefärbtes Haar und stylte dieses bergspitzig nach oben. Blau strahlende Augen und ein breites, offenes Lächeln, das ihr großes Herz zusätzlich verdeutlichte, zierten ihr Antlitz. Ich spürte sofort, dass diese Frau empathisch war und sicherlich in ihrem Bekanntenkreis für ihre herzliche, gutgelaunte Art geschätzt wurde. Wir unterhielten uns über meine Ankunft, mein Krankheitsbild und meine Erwartungen. Sie riet mir, den Speisesaal zu wechseln, da der, indem ich vorher gegessen hatte, von psychosomatisch erkrankten Patienten genutzt wurde und diese im Vorfeld festen Gruppen zugeteilt wurden. Dies bestätigte auch meine Wahrnehmung des unzerstörbaren Gruppengefüges. Bevor sie sich verabschiedete, baute sie mich mit folgenden abschließenden Worten auf: „Machen Sie sich keine Sorgen, denn in den nächsten Tagen lernen Sie sicher andere Patienten und Patientinnen kennen."

Liebe Leserin / lieber Leser, markiere dir die Textstelle „keine Sorgen" und „sicher." Wenn du genau das gerade im Moment empfinden kannst, dann bist du ein glücklicher Mensch. Wenn du es noch nicht kannst, dann zeige ich dir im Laufe meiner Erzählungen, wie sicher du dich fühlen kannst, auch wenn das Leben dir eine ganze Tüte Unsicherheit vor die Füße wirft.

DIE ONKOLOGISCHE MAGIE

Die unangenehme Ankunftssituation hielt nur bis zum zweiten Tag an, denn da lief mir Uwe über den Weg. Besser gesagt, ich lief ihm über den Weg, denn er saß im Wartebereich und räusperte vor sich hin. Ein großer, wohlbeleibter Mann, der einen farblich abgestimmten Jogginganzug von Adidas trug und augenscheinlich primär an einem Husten litt.

„Suchst du etwas?", fragte Uwe mich räuspernd und bot unterschwellig Hilfestellung an.

„Ja, ich würde gern diesen Brief abgeben", antwortete ich, ohne die notwendigen Informationen dazu zu liefern.

„Hier kannst du deinen Brief einwerfen", demonstrierte Uwe allwissend und betonte, dass dies das Stationszimmer sei und immer jemand hier wäre.

„Danke, ich kenne mich hier noch nicht so gut aus", stammelte ich unsicher und warf den Brief ein.

„Das kommt schnell, das mit der Orientierung, da brauchst du dir keine Sorgen machen."

Da hatten wir es wieder. Sich keine Sorgen machen zu müssen, schien hier wohl die morgendliche Affirmation zu sein. Uwe und ich unterhielten uns angeregt und tauschten uns aus, ohne einander zu nahezutreten. Bei einigen Fragen ergänzte ich ein ‚Nur wenn du möchtest' und bot ihm die Freiheit an, selbst zu entscheiden, was er beantworten wollte. Uwe war der Typ Mann, der wahrscheinlich einen Haufen erlebt hatte, aber trotzdem noch freundlich und positiv gestimmt war. Seine Diagnose: Brustkrebs. Ich stellte ihm nicht die Frage, die in mir hochkam, denn bis zu dieser Begegnung dachte ich, diese Form des Krebses träfe nur Frauen.

„Ja, ich hab ja eine Chemo gemacht, und schau hier", sagte Uwe auf seinen Kopf zeigend, „wachsen bereits meine kurzen Härchen nach."

Uwe war, wie er später selbst beschrieb, ein verbeamteter Handwerker, der zu Dienstzeiten viel Verantwortung trug und auch mal nachts an den Apparat gerufen wurde. Verantwortungsbewusst wie er schien, ging er auch jedes Mal ran, egal zu welcher Uhrzeit. Er kam aus Südniedersachsen und verbrachte dort im Grunde sein ganzes Leben. Er erzählte viel: von seiner polnischen Frau, die ihm regelmäßig die Haare schnitt, und seiner Tochter, die zwar beim Anblick ihres eigenen Blutes zittrige Knie bekam, im Sanitätsdienst aber Zugänge wie ein Profi legte. Er präsentierte mir seine beiden Hunde, und man merkte direkt: der Mann hat das Herz am rechten Fleck. Ich fühlte mich in seiner Gegenwart wohl und war dankbar, dass Uwe mit mir so offenherzig sprach. Zugleich erahnte ich jedoch, dass noch weitere schwere Schicksale hier aufeinandertreffen würden. Uwe, mein Teilzeitfreund und später essenzieller Teil meiner Gemeinschaft, nahm mich mit in den Speisesaal und integrierte mich in die Welt der onkologischen Magie.

EINFACH MAL GOUACHE

Der Tag begann spektakulär mit Sport und Massage. Wow ... Wellness! Ich wünschte, Therapie würde sich tatsächlich wie Wellness anfühlen ... kurzweilig und schön. Die intensive Auseinandersetzung mit sich selbst und seinen Problemchen war leider nicht immer schön, aber perspektivisch von großem Nutzen. Bevor die nächsten Termine näher rückten, entschied ich, einen längeren Spaziergang im Bergpark zu unternehmen. Dieser ähnelte der Filmdrehkulisse von ‚Der Herr der Ringe.' Überall waren kleine Wasserfälle, Aquädukte und grünes, saftiges Moos, Brücken, Übergänge, Skulpturen und Fontänen. Ich stiefelte durch den Park und hielt fotografisch fest, was mir ins Auge fiel. Während des Spaziergangs machte sich die Darmgegend bemerkbar und kündigte an: *Ich schicke dich gleich wieder zurück in die Klinik.* Kurz gesagt: ich musste echt dringend auf die Toilette. Ich lenkte meine Aufmerksamkeit in Richtung Ferne und versuchte an das zu denken, was ich noch entdecken wollte. Ich wägte ebenso *das Worst-Case-Szenario* ab, dass ich im schlimmsten Falle eins mit der Natur werden würde. Die Erkenntnis, dass diese Methode, meinen Darm zu beruhigen, funktionierte, zeigte später die Kilometerzahl auf meinem Handy. Sieben Kilometer spazierte ich durch den Park. Sieben waren es auch am ersten Tag in den verschiedenen

Gebäuden der Klinik – allerdings mit einem eher orientierungsloseren Gefühl. Heute standen eher das Erkunden und die Neugier auf das Unbekannte im Vordergrund, was mir zur späteren Orientierung verhalf. Nach diesem Naturerleben widmete ich mich meiner im Terminplan festgelegten Kunsttherapie, die mich erneut einige Jahre in die Vergangenheit zurückbeförderte. Abermals saßen Gruppen zusammen und ich kam als letzte verspätet in den Kunstraum.

„Das sind Acrylfarben, hier sehen Sie Kreide, hier haben wir Gouache …", präsentierte die Kunsttherapeutin ihr kunterbuntes Farbrepertoire.

Falls du auch keinen blassen Schimmer hast, was Gouache ([gwaʃ] ausgesprochen) ist, dann haben wir erneut etwas gemeinsam. Das sind deckende Wasserfarben, welche zu den ältesten Kulturfarben der Welt gehören. Es gibt nur sieben Farben! Kleiner Scherz, wir wollen uns jetzt nicht an der Zahl Sieben erfreuen. Es gibt einige Menschen, die Zahlen einen schicksalhaften Wert zusprechen. Andere spielen jahrelang mit solchen Zahlen Lotto. Ich hasse Mathe und daher zählen Zahlen jetzt nicht zu meinen best buddies. Gouache, Acryl, Sieben – hin oder her. Ich setzte mich an einen freien Platz und fragte mich, ob ich doch wieder gehen konnte. Gleichzeitig dachte ich an alle Schüler, die sich wohl genauso fühlen mussten wie ich, wenn sie die Aufgabe erhielten, einfach zu malen. Ganz **EINFACH**. Ich nagelte das Wort einfach fest. Einfach mal machen! So einfach waren manche Dinge gar nicht, und doch … hatte ich es einfach gemacht. Ich wählte blaue und grüne Farbe – vermutlich Gouache oder vielleicht doch Panna cotta – und zog mit einem Pinsel, der mit Sicherheit irgendeine Bezeichnung hatte, ein wellenförmiges Etwas. Ich ließ mich von irgendeinem künstlerischen Reiz lenken. Auch hier hatte ich keine Ahnung, woher dieser kam. Ich war überrascht, dass ich überhaupt Reize verspürte, die nicht den nächsten Toilettendrang androhten.

Wenn ich dir jetzt eines garantieren kann, dann ist es meine fehlende Kompetenz zu zeichnen oder zu malen. Nach 75 Minuten künstlerischen Austobens hingen alle Werke an einer bunten Wand, und siehe da: meins erntete Lob. Ich nahm dieses kurz an, schüttelte es dann zügig ab und verwendete meine Energie darauf, der Therapiegruppe etwas Weises mitzugeben. „Ich habe eben gemerkt, dass man sich im Vorfeld keine Gedanken machen, sondern einfach darauf los malen sollte. Ich möchte nämlich immer etwas Konkretes planen oder ich beobachte zunächst, was andere machen. Manchmal sollte man sich dem Prozess einfach hingeben." Wie oft hatte ich das zuvor verhasste *einfach* nun in den Mund genommen?

Im Nachgang hatte ich das Gefühl, dass mein pseudotherapeutischer Kommentar eventuell bei der Gruppe, die dreimal so alt war wie ich, zu besserwisserisch empfunden wurde. Was sollte ich diesen Patienten mitgeben, die das Dreifache an Lebenserfahrung hatten? Ich bemerkte, wie mir manche zulächelten und andere eher skeptisch die übrigen Werke beäugten. Das Gefühl, einfach etwas Schönes gemalt zu haben, verflog leider sofort, da ich damit beschäftigt war, die Therapiegruppe weiter wahrzunehmen und mich zu fragen, wieso manche skeptisch waren. Ich verließ den Raum zügig im Alleingang, vermied somit mögliche Begegnungen oder Gespräche und beschloss, einen Kaffee in der Lounge zu trinken.

VERANTWORTUNG ABGEBEN

Mit dem Vorhaben, nur einen Kaffee trinken zu wollen, traf ich auf einen weiteren Patienten. Dieses Mal ein in zerrissener Jeans Gekleideter mit grauen, langen Haaren, welche er zu einem Pferdeschwanz gebunden hatte. Er wirkte legere und cool. Er fragte, ob der Platz gegenüber von mir noch frei wäre. Ich nickte ihm zu und wir begannen, uns auszutauschen. Das Rad der Betroffenheit drehte sich, denn der Mann offenbarte mir seinen Gesundheitszustand, welcher sich nicht dem onkologischen, sondern psychosomatischen Bereich zuordnen ließ.

„Mir wurde alles irgendwann einfach zu viel. Die Sommerferien", begann er zu erzählen, und ich mutmaßte sofort, dass es sich um einen Lehrer handeln musste. „Die Sommerferien waren einfach nur … katastrophal. Ich habe zwei Kinder, um die ich mich kümmern muss, und natürlich auch meine Frau. Irgendwann habe ich gemerkt, dass ich impulsiver, aber auch antriebsloser wurde."

Er erzählte intensiv und zutiefst betroffen von seiner Erkrankung, die aus einer Depression und damit einhergehend auch aus einer Anpassungsstörung bestand. Zunächst war mir dieser Begriff unbekannt und ich recherchierte im Nachgang, was dieses Krankheitsbild bedeutete. Es war nicht nötig, dass ich etwas dazu sagte, denn mein stetiges Nicken und mein offener Blick bestätigten ihm, mir noch mehr aufzubürden.

„Weißt du, hier habe ich endlich wieder einen Antrieb und mache Sport. Zuhause hätte ich den ganzen Tag einfach schlafen können", sagte er gleichgültig, während seine Augen leer wirkten.

Das einseitige Gespräch dauerte beinahe eine Stunde, was mich ermüden ließ. Ich hatte generell Schwierigkeiten, lange zuzuhören und besonders bei solchen Themen hätte ich gern mit einer Fernbedienung vorgespult. Er ging aus dem Raum und bedankte sich für das nette Gespräch. Im Grunde entlud der Mann seine gesamte Leidensgeschichte bei mir und es ging ihm prinzipiell gar nicht um einen Austausch. Ich bemerkte sofort, dass dies das Phänomen eines Energiefressers und ich die schwache Person war, die keine Grenzen setzen konnte. Wunderbar, Grenzen mal wieder nicht gesetzt.

„Der Mann wurde übergriffig und hat Ihre Freundlichkeit und Schwäche zu seinen Gunsten ausgenutzt", analysierte die Psychotherapeutin, welche ich im Anschlusstermin sprach. Sie hatte recht und ich erkannte, dass der Mann mich eine Stunde energetisch, wie eine Zitrone ausgepresst hatte. Kennst du solche Situationen auch aus deinem Leben? Verdeutlichst du deine Grenzen?

Die Therapeutin ordnete die geschilderte Situation bestens ein und erkannte meine Problemstellen innerhalb von 60 Minuten. Interessant, dass wir manchmal ein Leben lang nach Antworten suchen und eine fremde Frau dein Leben in 60 Minuten bis ins kleinste Detail versteht und dir vor die Füße legt. Das nenne ich mal effizent! Sie erklärte mir eindringlich, dass ich einiges aus meiner Erziehung anerzogen bekommen hätte – ich verweise hier auf mein erstes Buch *Liebes Tagebuch*, in welchem ich bereits über erzieherische Ängste geschrieben hatte. Sie beschrieb, dass ich mein Leben lang gelernt hätte, viel tun zu müssen, um ein gutes Gefühl oder Lob zu ernten. Dementsprechend gaukelten mir meine alten Erziehungsmuster vor, dass ich diesem Mann mein volles Gehör schenken musste. Ich hatte nicht das Recht, meinen Kaffee in Ruhe zu schlürfen, denn ich musste es mir verdienen, dass der Mann ein besseres Gefühl durch mich erhielt. Mein Bedürfnis spielte hier keine Rolle mehr.

Weiter führte die Therapeutin aus, dass Anerkennung von Schufterei geprägt wäre und ich einiges noch nicht richtig verdaut hätte. Tatsächlich gab es die ein oder andere Erfahrung, von der ich behauptet hätte, sie wäre schon längst vergessen und verdaut... doch unser Emotionsapparat vergisst nicht zu schnell! Es ging aber nicht nur um das Verarbeiten oder Vergessen von Emotionen ... die Therapeutin ging noch tiefer. Sie erklärte, dass es manchmal nichts bräuchte, um einfach etwas so geschenkt zu bekommen. Einen schönen Moment, eine schöne Begegnung, ein schönes Geschenk ... einfach so ... ohne Schufterei! Nun verstrickte sich das Bild: ich war also nicht in der Lage, Grenzen zu setzen. Okay. Ich hatte gelernt, dass man für andere schuften musste. Okay. Ich musste lernen, dass ich auch ohne Leistung, schöne Dinge erleben durfte. Okay. Ich hätte aber auch, das bewusste Fühlen und Erleben von ebendiesen schönen Dingen verloren. Ich erinnerte mich, dass ich dies in einem anderen Kontext schon einmal gehört hatte, was ich damals schroff von mir wies. Dieses Mal hielt ich aber inne und fragte mich, ob dies wirklich zutraf.

Ich stellte mir vor, wie viel Lob ich in den letzten Jahren als Lehrerin geerntet hatte, und erinnerte mich, wie oft ich dieses abgewinkt und für nicht der Rede wert gehalten hatte.

„Das habe ich doch gern getan. Kein Problem. Ein Gespräch nach Schulende – natürlich!"

Ich hatte einiges für meine Reputation getan. Mich darauf aber ausruhen, konnte ich nicht. Ich verinnerlichte es allerdings auch nicht ... Zugegeben, ich fühlte es wirklich nicht! Plötzlich hatte ich das beklemmende Gefühl, dass ich mich unbewusst sabotiert hatte. Da schuftete ich mein Leben lang, weil ich es eben so kannte und nahm dann die Lorbeeren nicht an? Ich legte meine gesamte Energie in meine Arbeit und ließ mich dafür nicht entlohnen? Ich mühte mich Tag für Tag ab, erkämpfte mir die Anerkennung und schenkte sie meinem Körper und meinem Geist überhaupt nicht. Ich gab mir folglich gar nicht die Möglichkeit, alte Wunden durch Positiverfahrungen zu heilen. Stattdessen fütterte ich alte Verhaltensmuster kontinuierlich. Es fiel mir wie Schuppen von den Augen. Ich fing an mir gedanklich gut zuzusprechen: ich bin eine gute Lehrkraft – ich bin ein gutes Kind– ich bin eine gute Freundin – ich bin eine gute Partnerin – ich bin ein guter Mensch.

Du darfst wieder markieren und dir selbst in deiner Version sagen und dabei fühlen, was du alles bist.

„Du bist einfach zu nett gewesen", schmunzelte Uwe beim Abendessen und sah mich mit seinen leicht feuchten, liebevollen Augen an, als ich ihm von meiner Begegnung mit dem depressiven Mann erzählte.

So nett wie ich wohl war, so nett war auch Uwe, der mir im Anschluss erzählte, dass er sich um seinen Bruder kümmern müsste, der sich aktuell in Scheidung befand. Er verneinte zwar, dass er sich nicht nur um seinen Bruder, sondern besonders um sich selbst kümmern würde, doch ich glaubte ihm kein Wort. Uwe ähnelte mir, denn er gab wertvolle Tipps, von denen ich mir sicher war, dass er diese genauso wenig befolgte wie ich meine eigenen. Uwe war, so beschrieb ihn dann eine weitere Patientin, ein „Herzensmensch", der mich im Notfall auch adoptiert hätte. Ich konnte nicht erklären, was Uwe an sich hatte, denn er war im Grunde fremd und doch vom ersten Gespräch an einer meiner engsten Vertrauten in der onkologischen Villa.

Ein Herzensmensch … der für jeden da war, nur selten für sich selbst, sollte lernen, die Verantwortung abzugeben, denn ein Herzensmensch wie Uwe, du oder ich können nicht alles und jeden retten. So lag es auch nicht in meiner Verantwortung, den depressiven Lehrer anzuhören und ihm mein Gehör zu schenken und mich mit seiner Last zu beladen. Wohin sollte ich dann mit meiner Last? Müssen wir unsere Last überhaupt hin- und herschleppen?

Wie gehst du damit um, wenn jemand dir die Verantwortung übergeben möchte?

AUF ANDERE ZEIGEN

„Mensch, heute siehst du aber sportlich aus!", neckte mich Uwe am nächsten Morgen, als er mich in meinem farblich nicht ganz abgestimmten Outfit und verwuschelten Haaren im Speisesaal verschlafen wahrnahm. Ich war etwas in mich gekehrt, was ich allerdings schnell verbalisieren konnte.

„Gestern war ein anstrengender Tag", entgegnete ich gähnend.

„Warum? Hattest du eine Einzelsitzung?", fragte Uwe. Einzelsitzungen waren psychotherapeutische Einzelgespräche, welche auch kurz nur noch als Sitzung betitelt wurden.

„Nein, aber ich war gestern Abend das erste Mal in der Therme", begann ich zu erläutern, „und da war ich dann auch in der Sauna."

„Is schön dort, ne?", sagte Uwe überzeugt.

„Ja, allerdings habe ich erst später gemerkt, dass die Damensauna weiter oben ist, und habe daher die noch leere gemischte Anfängersauna betreten. Nach wenigen Minuten sind drei Männer mittleren Alters hinzugekommen, die sich erstmal lautstark über das Sinnloseste unterhalten haben, worüber man sich in dieser Situation nur unterhalten kann."

Ich hätte so gern gesagt, dass sie ihre Penisse einander präsentierten und fragten, welcher hier erigieren würde. Leider brachte ich das in dieser Atmosphäre nicht über die Lippen.

„Und was ist dann passiert?", fragte Uwe neugieriger.

„Ich habe versucht zu entspannen. Dann habe ich aber wahrgenommen, wie einer der drei Männer eine Linie entlang seines eigenen Kopfes gezogen und seinen Nachbarn mit dem Ellenbogen angestupst und in meine Richtung gezeigt hat", erzählte ich etwas betroffen.

Die Rasur und die Narbe, die ich nun nach der OP hatte, machten mir normalerweise nichts aus. Dennoch versteckte ich sie mit einem Haarband, welches ich auch gern ohne besondere Notwendigkeit trug. Im nassen Haarzustand ohne Haarband fiel der Schnitt allerdings auf und ich fühlte mich wie ein wildes Tier, auf das man mit Belustigung zeigte.

„Du trägst aber jetzt nicht extra das Haarband wegen solchen Männern!", postulierte Uwe.

„Nein", gab ich Uwe zu verstehen, „aber die Situation heute hat mich trotzdem verletzt, und ich habe kurz überlegt, ob ich den Männern meine Meinung geigen soll. Ich habe dann einfach die Sauna verlassen."

„Lass dich davon nicht ärgern!", forderte Uwe mich auf.

Nicht zum ersten Mal zeigte man mit dem Finger auf mich, und abermals war ich ganz klein geworden. Die starke Frau, die sich wehrte, hatte sich hier irgendwo in ihrem Schneckenhaus zurückgezogen und das Schamgefühl gleich mitgenommen. Hey du, ist dir das auch schon mal passiert oder hast du vielleicht schon mal auf jemanden gezeigt und gedacht, er/sie bekäme es nicht mit? Ich war mir sicher, keiner der drei Männer hatte sich im Nachgang Gedanken über mich gemacht oder verstanden, weshalb ich die Sauna, ohne sie eines Blickes zu würdigen, verlassen hatte. So ging das schlechte Gefühl mit mir Hand in Hand und die Auslösenden gingen mit ihrem Unwissen über meine Verletztheit einfach nach Hause.

MEDITATIVES GEDANKENKARUSSELL

In den nächsten Tagen folgten Arztgespräche, in welchen ich viel Informationsmaterial zu Hirntumoren erhielt. Ich hatte das Gefühl, zum ersten Mal richtig zu verstehen, welche Art von Tumor ich hatte und was das realistisch für mich bedeutete. Obwohl mir dies natürlich bereits in der Klinik erläutert wurde, schien ich das Verständnis dafür erst zu entwickeln. Das erste Mal begegnete ich auch der meditativen Kampfkunst Tai-Chi, wobei ich dir sofort sagen kann, dass ich hierfür kein Verständnis entwickeln konnte. Wenn du willst, kannst du diesen Begriff in eine Suchmaschine eingeben und deine ersten Eindrücke dazu sammeln. Meine Erfahrung war folgende: Ich war schon wieder die Letzte, die den Raum betrat. Pünktlichkeit war leider nicht so mein Ding. Ich öffnete die Tür zum Turnsaal, in welchem sich ca. 15 Menschen der älteren Generation wie Schachfiguren aufstellten und eine Trainerin, welcher ich das Alter nicht ansehen konnte. Sie begann, langsam zu sprechen und Bewegungen vorzugeben, welche mich an einen Film in Zeitlupe erinnerten. Ich bereute ab der ersten Sekunde, den Schritt in diesen Turnsaal gemacht zu haben. Ob ich wieder gehen konnte? Ich haderte 45 Minuten damit, ob ich mich nun darauf einlassen musste oder ob das eine Situation war, in welcher ich für mich entscheiden durfte, die Übung sofort zu beenden. Fiel diese

Situation unter „Grenzen setzen", welche ich durch das Beenden von Slow-Motion-Bewegungen für mobilitätseingeschränkte Patienten demonstrieren konnte? Was denkst du?

Ich traf keine Entscheidung und bewegte meinen Arm kreisförmig um meinen Körper und folgte dabei stets meiner zum Himmel zeigenden Hand. Das Ganze 25-mal hintereinander. Ich spürte meinen Puls nicht. Ich spürte keine Anstrengung, keine Dehnung … Stattdessen spielten meine Gedanken schmetterndes Ping-Pong und ich beobachtete die anderen Teilnehmer, wie sie lautstark ein- und ausatmeten. Ähnlich wie beim Yoga … starkes Ausatmen. Das Anforderungsprofil schien auf alle zu passen, nur nicht auf mich. Nachdem sich die in Zeitlupe darstellende Tai-Chi-Dame dankend verabschiedete, sprintete ich aus dem Raum und war von einer Enttäuschung betroffen, die ich nicht erklären konnte. Ich hatte mich die gesamte Kurslänge mit langsamen Bewegungen gequält. Das war mal so gar nichts für mich – scheinbar nur für mich. Gefrustet nahm ich mir vor, dieses Gefühl verändern zu wollen. Ich wollte mich sofort ablenken. Ich zog mich um, zückte mein Handy und recherchierte nach weiteren Sehenswürdigkeiten in der Nähe. Bewegung schien bekanntlich zu helfen, negative Gefühle zu verarbeiten. Ich wusste allerdings nicht, dass ich Bewegung brauchte, um vorherige Bewegung zu verarbeiten. Obwohl es seltsam klingt, war es in dieser Situation das Logischste, was ich tun konnte.

Die Löwenburg erschien auf dem Display, ein guter 30-minütiger Fußmarsch, den ich noch in der Lage war, zu leisten. Ich musste ja herausfinden, ob ich noch einen Puls besaß. Gesagt – getan.

Nach meinem Spaziergang ging ich in den Austausch mit einer Dame, die ich dir bisher noch nicht vorgestellt hatte. Ich erfuhr, dass die Löwenburg ein künstlich errichtetes Lustschloss war. Da ich hier keinen Geschichtsunterricht abhalten möchte, formuliere ich das etwas salopp: Landgraf Wilhelm IX hatte wohl einfach Bock, eine mittelalterliche Ritterburg nachbauen zu lassen, in welcher er sich mit seiner Mätresse Karoline von Schlotheim niederlassen konnte, um seine Lustspielchen mit ihr zu treiben – Pointe – er tat es einfach, weil er Bock darauf hatte. Was ein geiler Typ!

„Das ist einfach alles Fake!", behauptete die schick frisierte Dame, deren Pony die perfekte Welle über die Stirn schlug, welches man aus modischen Trendzeitschriften kannte. Meine Damen und Herren, Sie lernen bald Christine kennen.

MASKERADE IN DER INNENSTADT

Mit der Ambition, die Stadt selbst kennenzulernen, stieg ich auf einen Elektroroller und brachte mich damit eigenmächtig in Gefahr, ohne ganz genesen zu sein. „Einfach mal machen" lautete doch die Devise. Volle Fahrt voraus, denn schlimmer geht immer, fuhr ich kreuz und quer durch die Stadt. Obwohl ich des digitalen Routenplaners mächtig war, schaffte ich es, mich unheimlich zu verfahren. Wenn mich jemand im Nachgang gefragt hätte, hätte ich voller Überzeugung behauptet, die Irrfahrt wäre genau so geplant gewesen. Mein Startpunkt war der Bergpark Wilhelmshöhe, von welchem aus ich einfach nur geradeaus die Wilhelmshöher Allee runterrollen musste. Wirklich schnurstracks geradeaus. Ich hatte mich trotzdem verfahren. Als Germanistin fuhr ich geplant an der Goethestraße vorbei und entdeckte auch die Oetker Straße.

„Habe ich erst mein Ziel, den Erwerb einer Apotheke, erreicht, werde ich versuchen, noch etwas ganz Besonderes zu schaffen." – Firmengründer Dr. August Oetker

Der Mann, dessen Imperative wir beim Backen und Kochen stets befolgen, begann also ganz klein und ist noch heute, 130 Jahre später, unser Back-Guru. Auch er hatte, wie auch der Landgraf und sein Lustschloss, Bock, etwas zu erreichen. Irgendwann, nach zahlreichen Umwegen in Richtung Bebelplatz und Friedrichplatz, welche beide von Christine als sehenswert bezeichnet wurden, erreichte ich den Königsplatz, den du dir als Rondell mit Stadtbahnhaltestelle vorstellen kannst. Die Menschen kamen aus allen Richtungen und tummelten sich hier. Ein richtiger Umschlagplatz. Beim Umherblicken entdeckte ich auch, dass hier endlich die Innenstadt liegen musste. Ich parkte meinen geliehenen E-Scooter nach den vorgegebenen Richtlinien, ansonsten drohte mir die App mit 15 € Buße. Weißt du, ob es das überall gibt? Falls ja, wieso liegen manche Roller wie hinterbliebener Müll auf den Straßen? Der Lärm wurde immer lauter, und ich hatte den Eindruck, dass diese Stadt mit Abstand die lauteste war, in der ich jemals gewesen war. Außerdem verwirrte mich das Auftreten des Kasseler Plebs. Merkwürdig geschminkt und bunt kostümiert zogen sie durch die Straßen. Eine seltsame Stadt, dachte ich. Allmählich lichtete sich das Geheimnis um diesen ersten merkwürdigen Eindruck.

„Helau!", schrie der Nordhesse und warf ein Bonbon in meine Richtung. Hätte er meinen Kopf getroffen, so hätte ich ihn mit einem herzlichen Narrenspruch entzweigeteilt. Ich war unschlüssig, was ich von Fasching halten sollte. In einer lustigen Truppe von Gleichgesinnten, die Spaß am Kostümieren und Lachen hatten, könnte ich mich wiederfinden. An Karawanen, die um 10 Uhr morgens bereits fernab jeglicher Promilletoleranz vorbeiglitten, sah ich mich nicht. Ganz gleich, wie ich dazu stand, ich wollte nicht beworfen oder angeschrien werden. Unglücklicherweise war ich ungewollt am Faschingssamstag mitten in den Faschingsumzug geraten. Da blieb mir nichts anderes übrig, als die nächstmögliche Grünfläche aufzusuchen, was zugegebenermaßen in Kassel nicht schwer war. So orientierte ich mich am Staatstheater und fand den Staatspark Karlsaue – Karls-aue gelesen –, den ich jedem Parkfreund ans Herz legen kann. Grünfläche so weit das Auge reicht. Irgendein Landgraf, wahrscheinlich auch so ein Macher wie der Erbauer des Lustschlosses, gestaltete dieses landschaftsarchitektonische Kunstwerk. Im Staatspark galt die Orangerie als Ausgangspunkt, von welcher aus man südlich die Insel Siebenbergen verorten konnte, die besonders im Frühling als Blumeninsel bekannt war. Leider konnte ich diese Blumenpracht aufgrund der noch winterlichen Begebenheiten nicht sehen. Ich schlenderte also durch diese Parkanlage und nahm mir immer wieder Zeit, stehen zu bleiben und den Moment in mein metaphorisches Sammelsurium an schönen Erlebnissen zu packen. Ich wollte bewusst erleben und verinnerlich.

„Schön hier. Einfach schön." Mir fiel schon gar nicht mehr auf, wenn mir ein kostümiertes Geschöpf entgegenkam.

Da ich meine eigenen konditionellen Grenzen nach der Operation noch nicht kannte, lief ich immer weiter, bis mich meine Narbe pochend darauf aufmerksam machte, dass es Zeit für die Rückkehr war. Eine erneute Irrfahrt mit einem Roller, vermied ich entschlossen. Man muss sein Glück auch nicht mehrmals herausfordern. Ich steuerte die nächste Bushaltestelle an und stieg in den Bus ein, der in Richtung Wilhelmshöhe fuhr. Vorher musste ich allerdings an einer eigenartigen Haltestelle umsteigen: Die Haltestelle Am Stern – ein Verkehrsknotenpunkt, der rechteckig in A, B, C und D geteilt war. Diese unterschiedlichen Haltestellen ermöglichten besondere Blicke in unterschiedliche Richtungen der Stadt, erzeugten in mir aber ein Unwohlsein, das mich veranlasste, über die Beweggründe hierfür nachzudenken. Reges Treiben in und außerhalb der Straßenbahn führte zu einer angespannten Haltung, und ich wollte zügig wieder in der Nähe des Bergparks sein. Die Menschen hielten kaum Abstand zueinander, artikulierten und gestikulierten in den verschiedensten Sprachen. Während meine Narbe schmerzte, stellte sich ein kleiner Junge mir gegenüber. Ich konnte nur mutmaßen, dass er wohl keine zehn Jahre alt war. Er trug einen Sack Reis in seinen Händen, der mindestens 2 kg wiegen musste. Ich konnte nicht erkennen, ob er allein war oder ob seine Mutter in der Nähe stand. Er wirkte verwahrlost, wie viele andere, die an der Haltestelle warteten. Er sah mich an, sprach aber kein Wort. Ich verstand nicht, was sein Blick zu bedeuten hatte. Wir standen uns gegenüber und sprachen kein Wort miteinander. Weder kannte ich seine Geschichte noch seinen Namen, obwohl die körperliche Nähe und der Blickkontakt eventuell anderes erfordert hätte. Ich fühlte mich unwohl. Ich hatte den Eindruck, die in der Stadt begonnene Maskerade führten wir an dieser Haltestelle fort … nur ohne Bonbons.

DAS FREMDE UNBEKANNTE

Christine, die ihre perfekte Dauerwelle aus der Werbung täglich erhaben trug, traf ich am Anreisetag bei einer kurzen Führung durch die Klinik, wobei sich das richtige Kennenlernen erst im Laufe des Aufenthalts ereignete. Die Edeldame war gebürtige Kasselerin und von ihrem Geburtsort nie weggezogen. Sie verfügte über ein Allgemeinwissen, das weit über das hinausreichte, welches ich mir in 33 Jahren hätte aneignen können, wenn ich Tag und Nacht in der Bibliothek recherchiert hätte. Sie drückte sich gehoben und immerzu freundlich aus, auch wenn zwischendurch Worte wie „Fake" oder „Bronx" fielen. Die Haltestelle Am Stern bezeichnete sie zum Beispiel als Letzteres.

„Das ist ein höchstkrimineller Ort! Dort wird mit Drogen und Waffen hantiert und täglich rückt die Polizei an", schilderte Christine besorgt, als ich ihr von meiner Erfahrung berichtete.

Ich fragte sie zunächst weder nach ihrem Alter noch nach ihrer Diagnose. Ich konnte nur erahnen, dass ihr etwas aus dem Bauchareal entfernt wurde, da sie dort von einer langen Narbe sprach. Christine liebte es, sich zu unterhalten, und ich hätte mir zu gern permanent Notizen gemacht, wenn sie sprach. Immer wieder erzählte sie aus unterschiedlichen Bereichen der Geschichte, der Kunst oder erzählte Anekdoten aus ihrem eigenen Leben, und gab mir Weisheiten mit, über die nur wenige Menschen verfügten. Ich bemerkte, dass meine Aufmerksamkeit wirklich geschwächt war, denn stellenweise spielten sich die interessanten Erzählungen wie in einem Stummfilm vor meinen Augen ab, während meine Gedanken um ihr perfektes Make-Up und ihre strahlenden Augen schwankten. Besonders hell erstrahlten sie, wenn sie von ihrem Sohn, ein renommierter Fotograf und Künstler in Kassel, sprach. Ich konnte kaum wiedergeben, was ich alles von dem mir eigentlich unbekannten Sohn erfahren hatte; ich wusste nur, er war ihr größter Stolz, auch wenn sie dies belächelnd verneinte.

Christine gab mir alles an Expertise und Insiderwissen mit, was man als Tourist für Kassel und Umgebung benötigte. Ich versuchte mir immer wieder Stichworte einzuprägen, notierte teilweise auch einige im Handy – dennoch war ich nicht mehr in der Lage, den Kontext zu jeder Geschichte herzustellen. Ich denke aber, dass ich dir im Laufe der Lektüre einen sehr großen und weisen Einblick in Christines Erfahrungsschatz ermöglichen werde.

„Mooi ist Africaans und bedeutet schön", fing sie an zu erzählen. „Der nigerianisch-amerikanische Künstler Olu Oguibe entwarf im Juni 2017 den Obelisken für die documenta 14", führte sie weiter aus.

„Langsam Christine, was ist denn die documenta 14 und was ist ein Obelisk?", fragte ich neugierig.

„Die documenta 14 stellte die bedeutendsten Reihen von Ausstellungen für zeitgenössische Kunst aus und fand im Jahr 2017 in Kassel und in Athen statt. Die documenta trug auch den Titel ‚Von Athen lernen'. Mein Sohn hat ebenfalls für die documenta gearbeitet und hat dieses Monument natürlich fotografiert", erzählte sie und zeigte mir ein Bild, das sie aufs Ausführlichste interpretierte.

„Dieser Obelisk", fragte ich erneut, „was ist das denn nun und steht der noch in der Stadt?"

„Entschuldige. Der Obelisk ist eine freistehende Säule mit

pyramidenförmiger Spitze und sieht nicht nur aus wie ein Spieß, sondern bedeutet im Griechischen ebendies. Dieser über 16 Meter hohe Obelisk stand früher auf dem Königsplatz und wurde dann in die Treppenstraße verlegt."

Ich musste gar nicht weiter fragen, weshalb er verlegt wurde, denn Christine berichtete in einem Atemzug weiter: „Die Inschrift auf dem Obelisken wurde in vier verschiedene Sprachen übersetzt – ‚Ich war ein Fremdling und ihr habt mich beherbergt' – ein Zitat, das du womöglich kennst."

Ich nickte und verbarg, dass ich aus der Kirche ausgetreten und damit einhergehend alles Religiöse aus meinem Geist verbannt hatte – dies spielte ja auch für die Geschichte nur eine sekundäre Rolle, da Christine ohnehin den Atem für einen gesamten Chor hatte und keine Frage unbeantwortet ließ.

„Wieso hat der Künstler dieses Zitat gewählt?", hakte ich zwischendrin nach.

„Nun ja, damit verband er die zeitlose Fürsorge gegenüber Menschen, die flüchten mussten oder verfolgt wurden. Damit setzte er unter anderem ein Zeichen in Bezug auf die Flüchtlingssituation und forderte dadurch zu humanitärem Verhalten auf", teilte Christine mir mit. Ich dachte über ihre Worte nach. Auch heute empfand ich, dass humanitäres Verhalten an vielen Stellen wünschenswert war. Ich bemerkte auch, dass das Fremde oftmals aus Angst weiterhin fremd blieb. Der merkwürdige Junge, der den viel zu schweren Reissack trug, blieb ebenso fremd für mich. Die Angst oder auch Skepsis gegenüber dem Unbekannten und Fremden überwog oftmals. Dieses Monument und Christines Erzählung veranlassten mich dazu, über mein eigenes Verhalten nachzudenken. Ich versuchte, mein Verhalten an der Haltestelle Am Stern zu interpretieren. Hatte der Junge eventuell Hilfe gebraucht? War er vielleicht nur neugierig? Wieso hatte ich als Erwachsene nicht gefragt, wo seine Mutter war? Wie begegnete ich dem Gefühl der Fremde? Natürlich gehen wir davon aus, dass wir Menschen in Notsituationen immer helfen. Dennoch, und das zeigt leider auch vergangenes menschliches Handeln – man begegnet dem Fremden nicht immer mit einer weltoffenen, herzlichen Haltung. Fremd bleibt dadurch aber auch fremd. Welche Gedanken gehen dir durch den Kopf? Ich möchte hierbei keine kulturelle Debatte eröffnen, sondern lediglich der Begegnung mit Unbekanntem Raum verleihen.

„Danke für diese Erzählung, das war mooi", bekundete ich und griff nach meiner Tasche, um mein Gehen zu signalisieren.

DAS WANDELNDE LEXIKON

Obwohl Christine viel und endlos erzählen konnte, hatte sie das Auffassungs- und Beobachtungsvermögen einer jungen Frau, denn sie sorgte sich, genau wie Uwe, stets um mein Wohlbefinden. Hin und wieder bohrte sie behutsam auf eine Kaffeelänge bei mir nach, wie mein Tag denn so gelaufen war. Ich offenbarte ihr, dass ich Schwierigkeiten hatte, mich in dieses neue Umfeld einzufinden, und dass ich den Eindruck hatte, gar nicht so extrovertiert zu sein, wie ich es immer vorgab zu sein. Schließlich hatte ich von allein mit niemandem Kontakt aufgenommen. Uwe sprach mich an, Christine sprach mich an – proaktiv kam von mir nichts. Statt eigeninitiativ auf andere Menschen zuzugehen, sorgte ich mich eher darum, was diese wohl von mir denken könnten. Ich fürchtete auch, abgelehnt zu werden.

„Ich bin schon oft allein hier. Ich habe der Patientin, die mit mir zu den einzigen jüngeren gehört, angeboten, gemeinsam zu essen. Das hat mich Überwindung gekostet, und bisher hat sie das Angebot nicht angenommen. Das irritiert mich", gestand ich und zeigte unbeobachtet auf die jüngere Frau, die nebenan saß.

„Du machst dir unnütz Gedanken. Du bist so ein liebenswerter Mensch – es liegt wahrscheinlich gar nicht an dir. Vielleicht traut sie sich trotz deines freundlichen Angebots nicht", gestand Christine, was ich aus meiner Perspektive überhaupt nicht so wahrnahm.

Sie interpretierte nicht weiter, weshalb die junge Frau bisher nicht auf mein Essensangebot eingegangen war. Das spielte für Christine keine Rolle. Für sie war klar, ich war eine angenehme Speisesaalpartnerin, mit welcher man gern am Tisch sitzen wollte. Wenn man es nicht tat, dann hatte das Gründe, die mich unberührt lassen sollten. Eine erneute Situation, in welcher ich zu mir selbst sagen musste, genau solche Gedanken zuzulassen und die Tatsache zu verdauen. Denkst du nicht auch, dass wir uns manchmal in Endlosinterpretationen wiederfinden, obwohl wir kaum Gründe dafür haben? Menschen sind so individuell und wir versuchen häufig, Verhaltensweisen räsonable zu verstehen. Als wäre jedes menschliche Verhalten erklärbar – wir wissen doch manchmal selbst nicht, wieso wir uns manchmal so verhalten, wie wir es in diversen Situationen eben tun. Das Verhalten anderer wollen wir aber immer verstehen?! Wenn ich darüber theoretisch nachdenke, kommt mir das sehr anstrengend vor. Ganz schön anstrengend, was wir unserem Gehirn damit immer wieder antun.

Neben Christines gesunder Einstellung zu Situationen und Menschen, war es außerdem auch das erste Mal, dass sie so etwas Zuneigendes zu mir sagte und dabei nicht von ihrem Sohn sprach. Sie sprach so viel von ihrem Sohn, dass ich zwischenzeitlich dachte, auch seine Mutter zu sein.

Außerhalb der Klinik wären Christine und ich uns womöglich nie begegnet. Zugegebenermaßen hätte ich sie aufgrund ihres eleganten Äußeren und ihres gehobenen Sprachgebrauchs für eine Hochgelehrte gehalten, mit welcher ich nie ein Wort gewechselt hätte – aus Angst, vor ihr zu primitiv zu wirken. Obwohl auch ich mich mit zwei Staatsexamen schmücken konnte, hielt ich mich noch immer für das kleine Mädchen mit Topfschnitt, roten Hosenträgern und Hasenzähnen, mit welcher keiner in der Grundschule befreundet sein wollte. Christine lehrte mich, Menschen wertfrei wahrzunehmen und Situationen als solche zu sehen. Keine Verurteilung, keine Beurteilung – sie sah und fühlte nicht tiefer, als es nötig war. Ich glaube nicht, dass Christine mir gegenüber voreingenommen war oder ähnliche Gedanken über meine Erscheinung hegte, wie ich es über ihre tat. All das tat ich, weil ich es bisher nicht besser konnte oder vielleicht nicht besser wusste. Ich wollte es fortan lernen. Keine Kategorisierung, kein Schubladendenken, keine Überinterpretation. Ich hatte durch meinen Austausch mit Christine so viel über mich selbst erfahren dürfen und das nur, weil ich mich und mein Verhalten in ihr spiegeln konnte.

Wir sind, wer wir sind und was wir sehen – einfach Menschen.

BEZIEHUNGSAUFTRAG

Gleichwohl, wie oft ich mich allein in den Speisesaal setzte, Christine verließ spätestens zum Dessert oder Tee ihre Tischgruppe, um mir Gesellschaft zu leisten. Sie ließ mich das Gefühl des Abgelehntseins nicht spüren.

„Ich war heute Morgen schon früh wach und habe Sport getrieben. Ich denke, nach dem Mittagessen mache ich es mir heute etwas gemütlicher", teilte ich ihr zufrieden mit.

„Ja, das Wetter ist heute auch nicht so einladend. Ich glaube, ich muss morgen mal zum HNO-Arzt. Ich fühle mich krank", erzählte Christine und sah dabei aus wie das blühende Leben mit ihrem frühlingshaften Make-Up. Sie beobachtete die Tischgesellschaft nebenan, die sich um zwei Sitzplätze vergrößert hatte, und fragte mich, ob wir uns umsetzen wollten. Ich nahm ihr Angebot an, bemerkte aber sofort, dass sie mich mit anderen Patientinnen vertraut machen wollte.

„Lass mich aber machen, ich bin heute mutig", bat ich und ging zum Tisch, an dem zwei ältere Damen saßen. „Hallo, ich bin Cristina. Dürfen wir uns dazusetzen?", fragte ich breit grinsend und zeigte dabei auf Christine und mich.

„Das muss ich noch mit unserem Committee hier besprechen", sagte eine der Damen, die sich später als Brigitte vorstellte. Diese Antwort hatte ich nicht erwartet, was mich aufschrecken ließ und folgende fragwürdige Reaktion von mir nach sich zog: „Ich bin sensibel, also vorerst keine Scherze!"

Ich wusste gar nicht, wieso ich das gesagt hatte. Obwohl ich

Humor liebte, löste es Verunsicherung aus. Wenigstens grinste Brigitte dann und bat mir und Christine die freien Plätze an, was mein Unbehagen auflöste und meinen Mut erfolgreich bestätigte.

„Ich bin Sigrid. Freut mich, Cristina", sagte die Dame gegenüber, die älter als Christine und Brigitte wirkte.

Wir unterhielten uns über die unterschiedlichsten Themen weit und breit. Sigrid war damals Lehrerin an einer Grund- und Werkrealschule. Sie erzählte, dass es damals einen Zaun gab, welcher Mädchen von Jungen trennte. Sie gab ebenso preis, dass evangelische und katholische Kinder im Klassenraum separiert wurden.

„Weißt du, was ein Pult ist?", fragte Sigrid mich.

„Du meinst ein Lehrerpult, oder?" antwortete ich rückversichernd und dachte dabei an ein Stehpult, an dem man Reden hielt.

„Der Lehrer damals stand auf einer Erhöhung, auf seinem Pult, und überblickte alle Kinder im Raum. Wir waren damals 58 Kriegsüberlebende, die unterrichtet wurden", erzählte sie.

Da ich in Mathe eine Niete war und Zahlen aus Prinzip verfluchte, versuchte ich nachzurechnen, wie alt Sigrid sein musste. Wenn sie also von der Nachkriegszeit sprach, dann müsste das nach 1945 gewesen sein. Wenn sie also zu dieser Zeit bereits schulpflichtig gewesen war, dann durfte Sigrid heute über 80 Jahre alt sein. Die Frage nach dem Alter schien auch die anderen zu interessieren und sie warfen sich gegenseitig die Frage zu, in welchem Jahr sie zur Welt kamen. Ich kam mir etwas komisch vor, da 1990, mein Geburtsjahr, nicht bewegend für mich klang, wenn die anderen einen oder mehrere Kriege erlebt hatten und ich in der Zeit der Wiedervereinigung zur Welt kam. Dennoch überraschte mich immer wieder, dass man das Alter vielen hier nicht ansah.

„Was machst du denn beruflich?", fragte mich Brigitte ins Visier nehmend.

„Ich bin Lehrerin", offenbarte ich.

„Um Gottes Willen – du hast ja Nerven. Das war damals schon anstrengend und du machst es heute noch", merkte Sigrid erschüttert an.

„Ja, es ist anstrengend, aber vieles hat sich zu damals positiv entwickelt. Allein die Beziehung zwischen Lehrern und Schülern ist heute eine ganz andere", führte ich aus und dachte daran, dass mir Schülerinnen und Schüler oft viele private Dinge erzählten oder Privates auf Sozialen Medien teilten, sodass man die Kinder weitaus besser kennenlernen konnte, als diese lediglich anhand der Schulnoten zu beurteilen. Überraschenderweise stellte man mir keine Frage zur Beziehung, obwohl ich das Thema vorgab. Denkst du, es lag daran, dass Beziehungsarbeit früher nicht im Fokus lag? Die nächste Frage zeigt dir nämlich, worauf die Damen im Bereich Bildung Wert lagen.

„Lernen die Schüler eigentlich noch Handschrift?", fragte Christine neugierig.

„Das finde ich ja so wichtig!", warf Sigrid ein.

Ich wartete den richtigen Moment ab, um zu antworten, während ich die Lippenbewegungen meiner Damen gegenüber geduldig abwartete, die zum Sprechen ansetzen wollten.

„Ich finde auch, dass das handschriftliche Schreiben enorm wichtig ist. Diese Geduld, die man dabei aufbringt, die fehlt heutzutage", warf Brigitte ein. Zwar stimmte ich ihr innerlich zu, doch dachte ich auch an ätzend lange Kommentare, welche ich unter Klassenarbeiten schreiben musste, die nur noch digital zu ertragen waren. Sogar meinen Einkaufszettel hielt ich digital fest. Kleines Outing: Handschrift ist wichtig, aber ich habe selbst keine Lust zu schreiben.

„Ja, und nicht nur das! Die Feinmotorik geht auch verloren!", ergänzte Sigrid und gestikulierte mit ihrer Hand, als würde sie etwas mit Kreide an die Tafel schreiben. Ich beobachtete meine

Finger genauer und erinnerte mich daran, dass ein Schüler einmal meine Tafelschrift kritisiert hatte. Naja, … wo er Recht hatte … hatte er eben Recht. Mein Schriftbild war weder einheitlich noch konnte man immer den Unterschied zwischen u, n und m erkennen. Komischerweise hatte ich auch immer den Drang, schräg nach oben zu schreiben. Wo wollte ich eigentlich hin? Das war auch der Grund, wieso ich den wenigsten Schülern ankreidete, deutlicher zu schreiben. Ich kämpfte lieber mit ihren Hieroglyphen, als sie als schlechtes Vorbild in Schönschrift zu kritisieren.

Während die Damen sich weiter über Handschrift und weitere fehlende Werte an Schulen unterhielten, überlegte ich, ob ich das Stichwort Digitalisierung einbringen sollte, doch gab es hierfür nicht den passenden Moment. Stattdessen erklang das Wort ‚anmaßend‘ in meinen Ohren, als sich Sigrid über den Umgang der Eltern echauffierte: „Die Eltern vergessen, dass sie auch einen Erziehungsauftrag haben. Was sollen die Lehrer eigentlich noch alles machen? Das Pausenbrot der Kinder schmieren?"

„Just in diesem Moment habe ich genau daran gedacht!", sagte Brigitte lachend, während ich mich freute, dass sie das Wort ‚just‘ verwendete, und erinnerte mich daran, dass meine Schülerschaft dieses Wort in einem Lesetext vor einigen Jahren nicht kannte. Auch ich kannte manche Wörter nicht, denn Christine ergänzte das Thema mit folgender Phrase:

„Und was ist der bedungene Lohn dafür?"

Ich fragte mich, ob ich mich verhört hatte. Mein Blick entlarvte, dass ich nicht die leiseste Ahnung hatte, ob bedungen falsch war oder wirklich existierte.

„Du kennst das Wort nicht?", setzte Christine lächelnd an, woraufhin ich den Kopf schüttelte. Das wandelnde Lexikon auf zwei Beinen vermittelte mir, dass bedungen von bedingen kam, und schilderte mir einige Beispielsätze. Mein neuronales Filtersystem im Kopf sorgte leider dafür, dass ich mir nur noch merken konnte oder doch wollte, dass ich bedungen im Leben nicht verwenden würde.

Während unserer Debatte um Geduld, Feinmotorik und Anmaßungen stellte ich zwar Gemeinsamkeiten fest, aber auch Unterschiede, die ich allerdings im Speisesaal nicht erörtern wollte. Die Damen hielten an Werten fest, die heute nur teilweise Priorität hatten, ließen andere Aspekte gänzlich weg oder klammerten sich an den Erziehungsauftrag, den sie vollkommen den Eltern übertrugen. Ich dachte an meine Klassen und wie oft ich von „meinen Kindern" sprach, obgleich ich Gott sei Dank keines davon selbst auf die Welt bringen musste. Ich verteilte Reflexionsarbeiten oder führte Einzelgespräche, wenn Schüler sich aus meiner Perspektive verwerflich verhielten. Häufig hatte diese Form der Bestrafung weniger mit dem Verhalten im Unterricht oder unerledigten Aufgaben zu tun, sondern vielmehr damit, dass ich den Erziehungsauftrag immer sehr ernstnahm. Ich erwartete von meinen Schülerinnen und Schülern, dass sie immer respektvoll, ehrlich und unterstützend miteinander umgingen. Ich glaube auch, dass mir der Erziehungsauftrag mehr am Herzen liegt als der Bildungsauftrag selbst, auch wenn der Aberglaube besteht, jede Lehrkraft liebe ausschließlich ihr Fach und gehe davon aus, dass die ganze Menschheit sich dafür interessieren müsste.

Für mich war es ein Mix aus Erziehungs- und Beziehungsauftrag, denn durch den Umgang der Schülerinnen und Schüler mit mir oder der Schulklientel lernten wir miteinander, wie eine sinnhafte Beziehung gestaltet werden konnte.

Nun gibt es auch Lehrkräfte, oder auch andere Berufsgruppen, die das Ganze pragmatischer betrachten: Leistung bewerten, Kommentare schreiben, Gespräche rein auf sachlicher Ebene führen und den oder die Schüler/-in verabschieden.

Die Priorisierung der Beziehungsarbeit lag mit Sicherheit daran, dass ich in meiner Schulzeit andere Erfahrungen gesammelt hatte. Im Laufe meiner eigenen Schulzeit begegnete ich lediglich drei

Lehrkräften, von denen ich heute behaupten kann, dass sie mehr als nur den Bildungsauftrag verfolgten. Überraschenderweise erinnern wir uns an nur sehr wenige Lehrkräfte, die uns positiv nachhaltig bewegt hatten. Ich erinnere mich aber auch sehr genau an eine Lehrkraft, von der ich behaupten kann, dass sie mich nachhaltig negativ geprägt hat.

Ich kannte den Einfluss der Schule auf das eigene Wohlbefinden. Ich wusste, wie prägend die Zeit sein konnte. Mit diesem Wissen entschloss ich, keine regelkonformen Tetra Paks vor mir sitzen sehen zu wollen. Ich wollte individuelle Kinder begleiten, die Herz und Verstand mit- und füreinander nutzten. Sie sollten die Schulzeit genießen! Wie geht es dir, wenn du an deine Lehrkräfte und deine Schulzeit denkst?

Meine Gedanken und auch unser Gespräch endeten, als der letzte Teller leer gegessen wurde und die Damen einen schönen Nachmittag wünschten. Ich wusste nicht genau, welche Pläne sie für den Nachmittag hatten, aber es schien so, als wären sie sorgenfrei und wohlgenährt für die restlichen Stunden.

„Bis heute Abend", winkte Christine ab und stieg in den Fahrstuhl.

IR/RELEVANTE ZEIT

Es regnete den ganzen Tag und den Sport hatte ich bereits erledigt. Gegessen hatte ich auch. Die Grundbedürfnisse, die man also beachten sollte, hatte ich gestillt. Sogar den Nachmittagskaffee, welchen ich gern mit M. genoss, hatte ich bereits inhaliert. Allen überlebenswichtigen Aufgaben, die sich ein Mensch sonntags zu stellen hatte – erledigt! Was konnte ich also mit dem restlichen Tag anfangen? Mir gelang es leider noch nicht, zufrieden und gelassen im Zimmer zu bleiben. Ich bemerkte hier recht flott, dass das Alleinsein mein größter Feind war – was nicht bedeutete, dass ich Zuhause nicht auch gern allein sein wollte. Ich konnte das in meiner gewohnten Umgebung sehr gut. Hier, in der Reha-Klinik, fiel es mir aber schwer, da ich dachte, irgendwas tun zu müssen. Sag mir, denkst du auch, dass hing damit zusammen, dass ich mir dieses permanente Schuften angeeignet hatte, sodass ich selbst am Sonntag etwas erledigen musste? So ein innerlicher Drang, immer etwas tun zu müssen?

Ich erinnerte mich an das freie Angebot, den Kunstraum nutzen zu dürfen. Das Gelbe Atelier stand Kunstinteressierten immer offen. Ich war zwar nicht wirklich an Kunst interessiert, aber offen, Neues zu erschaffen. Ich ging hinein und beschloss, Pablo Picasso im Grab Konkurrenz zu machen, obwohl ich mich eher wie Pumuckl verhielt: Unsichtbar für den Rest der Welt machte ich mich ans Werk und griff nach Papier und diversen Farben. Ich hatte keine Ahnung, was ich tat, und erhoffte mir doch, dass das Grandioseste im Prozess entstehen würde. Immerhin hatte es ja letztes Mal in der

Kunsttherapie auch irgendwie funktioniert. Ich betrachtete meine ungeplante Komposition an Farben mit einem kritischen Auge und platzierte es in unterschiedlichen Winkeln. Mit meinem Arbeitskittel und den mit Farbe bekleksten Fingern wirkte ich wie meine damalige Kunstlehrerin, die ich für – sagen wir mal respektvoll – sehr eigen hielt. Ich konnte leider damals nie verstehen, was sie von mir als Schülerin verlangte, und erkannte auch nie die Besonderheiten, die sie in der Kunst sah. Zusätzlich hatte ich immer den Eindruck, es gab nur eine subjektive Empfindung – nämlich ihre Eigene. Da hörte die Kunst also für mich auf. Das Besondere am Gelben Atelier war, dass die Zeit unfassbar schnell darin verflog. Ich verbrachte mehrere Stunden damit, mit Farben und Mustern zu experimentieren und dachte dabei an nichts anderes.

Wahrscheinlich geht es genau darum: etwas zu finden, womit oder wodurch man abschalten kann. Tai-Chi war es bei mir nicht, das wissen wir bereits. Malen gehörte eventuell dazu, wobei ich das Malen mit den Fingern und weiteren Gegenständen, wie Schwämme zum Tupfen, bevorzugte. Nebenbei bemerkt: es gibt eine regionale Künstlerin, die ich hier erwähnen werde, obwohl wir uns nicht kennen. Die Frau, die das Atelier Ahu in Heilbronn betreibt. Jedes Mal, wenn ich ihre Bilder sehe, frage ich mich, woher Menschen wie sie dieses Talent haben. Die Fähigkeit, die Vorstellungskraft so zu nutzen, dass sich das weiße Papier zu einem faszinierenden Kunstwerk entwickelt. Grandios! Falls du das jemals hier lesen wirst: ich bewundere dein Talent und deine Werke!

Da der Tag noch immer Stunden übrighatte und ich bereits mit Ungewöhnlichem begonnen hatte, beschloss ich den Abend mit spirituellem Gesang ausklingen zu lassen, welchem ich zuvor bisher nicht beigewohnt hatte. Ich würde mich nicht als spirituell bezeichnen, wobei Spiritualität bei mir näherliegt als religiöse Verbindung. In diesem freiwilligen Angebot des spirituellen Gesangs wurden universelle und heilsame Lieder aus verschiedenen

Traditionen gesungen. Suspekt erschien mir jedoch der Veranstaltungsort: Stiller Raum. Generell wurden die Räume in der Klinik gewöhnungsbedürftig bezeichnet. Nun gut, die Stille wurde definitiv mit den unterschiedlichsten Klängen, mal mehr oder weniger im Takt, gefüllt. Ich muss dir gestehen, dass ich mir, nachdem ich den Stillen Raum verlassen hatte, nur noch wenige Lieder merken konnte. Obwohl ich mir vornahm, eine kleine Liste an Liedern festzuhalten. Eines davon war *dona nobis pacem* (Gewähre uns Frieden) und *I am the sun Soham*. Ich versuchte wirklich, alles zu verinnerlichen und mein metaphorisches Sammelsurium mit positiven Gefühlen zu füllen, selbst wenn mich einige Eindrücke verwirrten und ich lediglich ein Sammelsurium füllen wollte. Ältere Damen und Herren, die mit geschlossenen Augen jedes Lied auswendig beherrschten, ganz gleich auf welcher Sprache gesungen wurde, betrachtete ich fasziniert. Jüngere Patienten, die ich bisher auf der onkologischen Station zuvor noch nie gesehen hatte, die, im Schneidersitz sitzend und wankend, jeden Vers mitsangen. Die Gesangsleiter, welche miteinander verheiratet waren, hielten beide die Augen geschlossen, während der Mann Gitarre spielte und die Frau den Rhythmus mit der Trommel begleitete. Auch wenn manches für mich ungewohnt war, lehnte ich es nicht ab, sondern bestaunte es und nahm es einfach wahr – so wie Christine Dinge wahrnahm, auch wenn sie mich hierzu nie begleiten wollte.

Eine Stunde mit Fremden in einem Raum verging, in welchem ich unbekannte Lieder sang. Fremd war das Stichwort für den Ausklang, denn mir war in der Situation so vieles fremd, und doch wollte ich die Erfahrung mitnehmen, denn wer konnte behaupten, solch spirituellem Gesang beigewohnt zu haben? Wie du weißt, soll das Fremde nicht für immer fremd bleiben. Wie sollen wir einander verstehen, wenn wir weiter entfremdet bleiben? Damit ich mein neu erlangtes Wissen am Folgetag mit Christine teilen konnte, recherchierte ich noch etwas über das zuletzt genannte Lied. *Soham*

Shivoham kam aus dem Sanskrit und war eines der Hauptmantras eines Zweiges des Hinduismus. Das Mantra führte den Praktizierenden zu seinem höheren Selbst und zum Verständnis seiner echten Natur. Mir gefiel die Intention des Liedes. Daher darfst du dir die Verse gern ganz ohne Recherche hier durchlesen:

I am the sun - warm in your heart
I am the moon - light in the dark
I am the sky - wide open space
I am the wind - caressing your face
I am the earth - under your feet
I'm every person that you meet
I am the sea - deep in your soul
I am here wherever you go
Soham, Soham, Soham Shivoham
Soham, Soham, Soham Shivoham
I am that I am, I am that I am

Auch wenn man nicht an etwas Höheres oder Göttliches glaubt, kann man mit diesen Versen auch an sich selbst glauben. Ich hatte während des Singens das Gefühl, alles in mir zu tragen, auch wenn ich nicht genau wusste, wie ich diese Gefühle immer abrufen konnte. Dennoch war ich dankbar, Sonne, Mond, Himmel, Wind und Erde bei mir zu wissen – ganz ohne Gegenleistung und Schufterei. Komisch, dass in dieser einen Stunde, alles andere so irrelevant war wie im Gelben Atelier, oder?

ACHTSAMKEIT UND RESSOURCEN

„Ich weiß nicht so recht, wie ich meinem Umfeld erklären soll, wie es mir geht. Also, ich weiß nicht mal selbst, wie es mir nach der Reha geht – ich weiß auch nicht, wie und wann ich zurück zur Arbeit kann und will", eröffnete die jüngere Patientin das Gespräch in der Achtsamkeits- und Ressourcengruppe, welche als Therapiegruppe wöchentlich auf dem Plan stand.

Der Therapeut nahm die Sorge auf und umschrieb es als Thema für die Gruppe: „Es geht hier also um Positionierung in einem System." Ich war von der Sachlichkeit und Terminologie begeistert, welche er aus einer von Sorgen geprägten Aussage festhielt.

Die Gruppenteilnehmer äußerten sich zum Thema und erzählten aus ihrer eigenen Perspektive. Was ich besonders interessant fand, war die Eingrenzung der Beiträge, welche der Therapeut vorgab. Man sollte keine Ratschläge erteilen, sondern lediglich die eigenen Erfahrungen zum Thema teilen, sodass jeder für sich selbst reflektieren konnte.

Kennst du das auch? Wenn ich nun daran denke, dass wir Menschen unsere Hilfestellung in Form von ‚Ich an deiner Stelle würde …‘ oder ‚Wenn ich du wäre, dann‘ anbieten, dann sollte man das zukünftig nicht mehr machen, außer man wird explizit danach gefragt.

Der Therapeut fuhr weiter aus: „Wir Menschen leben in Systemen – sei es beruflich oder privat – wir sind Teil eines Systems. Mit der Erkrankung fallen wir plötzlich aus diesem System heraus, und dieses möchte uns so schnell wie möglich wieder eingliedern. Am besten als das Systemteil, das wir vorher auch waren. Es mag leider keine Veränderungen. Nun bedenken wir, dass Sie alle nun mit Diagnosen und Schicksalsschlägen leben, die Sie verändert haben. Sie passen nicht mehr wie einst in das System. Wie gestaltet sich nun die Rückkehr in ein solches System?"

Die Gesprächsgruppe wirkte nachdenklich. Keine leicht zu beantwortende Frage, fand ich. Ich verinnerlichte noch die Begrifflichkeit und stellte mir meine Welt zwar als großes System vor, in dem allerdings noch weitere kleinere Systeme vorkamen. Ich war Teil des Systems Arbeit, Partnerschaft, Freundschaft, Kind … - Ich bildete noch kleinere System, wie der eigenen oder anderen Erwartungen, des Funktionierens etc. … - allein die Unterkategorien meiner großen Systeme gestaltete sich äußerst kompliziert, wenn man eine Entscheidung treffen sollte. So vieles hing aus meiner Perspektive miteinander zusammen.

„Man ist natürlich daran gebunden, wie stark man wieder gefordert wird. Also mein Chef möchte längst wissen, ab wann ich wieder einsatzbereit bin", erklärte eine Patientin. Also, das System Arbeit.

Eine weitere ergänzte: „Meine Kinder möchten auch wissen, wann es Mama wieder bessergeht. Sie möchten wieder Aktivitäten mit mir betreiben wie früher." Du erkennst, das System Elternschaft liegt vor. Ich überlegte, da ich den Begriff des Systems noch immer spannend fand und erkannte auch, dass das stark an Erwartungen gekoppelt war.

Ich fügte dann hinzu: „Ich weiß gar nicht, wie es mir in meinen ganzen Systemen gehen wird. Ich weiß ebenfalls noch gar nicht, wie es mir nach der Reha gehen wird. Ich hatte bisher keinen Druck. Weder von seitens der Arbeit noch seitens meines Partners, Freunden oder Familie verspürt. Im Gegenteil, ich mache ihn mir selbst."

Diese Unsicherheit, nicht zu wissen, wie es einem ging, teilten alle ausnahmslos. Christine war auch anwesend und ergänzte meine Aussage: „Ich vertraue meinem eigenen Körper nicht mehr. Deswegen kann ich niemandem Auskunft über eine mögliche Rückkehr geben." Der Umstand tat mir zwar leid, doch ich erkannte ebenso, dass Christine sich an kein anderes System knüpfte, weil ihr eigenes voller Unsicherheit war. Sie betrachtete die Situation perspektivisch richtig. Wie soll man denn überhaupt irgendjemandem Rede stehen, wenn man gefühlt von heute auf morgen gar nicht mehr weiß, wie gesund man wirklich ist? Im Grunde ging es uns allen hier so. Niemand wusste so richtig, wie es gesundheitlich weitergehen würde.

Der Therapeut klärte auf: „Sie kennen ihr System. Sie argumentieren, was das System von Ihnen erwartet. Doch eigentlich ist das Thema, das wirklich relevant ist, die Frage der eigenen Positionierung. Wir legen den Fokus oftmals falsch: es geht um die Positionierung zu sich selbst – nicht die Positionierung im System. Diese Entscheidung müssen Sie lediglich für sich treffen – dabei dürfen externe Faktoren, also das System selbst, keine beeinflussende Rolle einnehmen. Sie entscheiden, womit Sie sich wohlfühlen."

Die Worte hallten nach. Ich sollte also entscheiden, wie ich mich zu mir selbst positionieren wollte. Wie sollte ich bei meiner Positionierung externe Faktoren und all die Systeme ausblenden? Mir fiel es schwer, da ich an meine Schülerinnen und Schüler dachte, an die Kollegschaft, an meine Chefin, an meinen Partner, meine Freunde, meine Familie … an meine Verantwortung, die ich in vielen Bereichen verortet sah.

Liebe/r Leser/-in, nachdem ich dieses Kapitel nun mehrfach lese, erkenne ich auch, wie wenig Einfluss meine eigene Wahrnehmung hat. Wie will man sich denn positionieren, wenn man sich nur Gedanken um andere macht? Ich erkenne nun im Nachgang so vieles – ich hoffe, du auch.

Ich grübelte und erinnerte mich an zuvor geführte Gespräche aus Therapiegruppen. Immer wieder sagte man uns, dass man sich Zeit lassen sollte. Wenn noch keine Klarheit über den eigenen Zustand da war, dann war das in Ordnung. Dann gab es diese aktuell noch nicht. Demnach sollte man sich nicht unter Druck setzen. Eigentlich genau das, was Christine tat.

Ich ergänzte den Ansatz des Therapeuten mit meinem Gedanken: „Ich möchte mir keinen Druck machen. Ich weiß noch gar nicht, was ich kann, geschweige denn wie belastbar ich bin. Ich weiß noch nicht einmal, ob ich die Diagnose verarbeitet habe. Ich weiß noch nicht einmal, ob der Tumor rückstandslos entfernt wurde. Ich weiß nur, ich will mich um meine Genesung kümmern." Ich weiß, dass ich nicht weiß – wie Sokrates. Überraschenderweise wusste ich aber, dass ich mich erstmalig mit mir auseinandergesetzt hatte, auch wenn das ein absolutes Nichtwissen nach sich zog.

Hattest du in deinem Leben eine ähnliche Situation, in welcher du nicht wusstest, wie du agieren solltest oder konntest … schlicht, weil sie neu war? Wieso erwarten wir eigentlich immer, alles wissen zu müssen, abschätzen oder kontrollieren zu können? Das Leben ist doch nicht immer planbar. Das weiß ich spätestens jetzt.

Die Patienten nickten mir verständnisvoll zu, während andere weitergrübelten. Diejenige, die die Gesprächsrunde eröffnet hatte, fügte hinzu: „Ich möchte mir auch keinen Stress machen, allerdings fragen mich auch Menschen, die ich sehr gern habe, wie es mir denn gehe – auch hier weiß ich nicht, wie ich mich positionieren soll. Die banale Frage ‚Wie geht es dir?‘ – wie soll ich sie beantworten, wenn ich die Antwort darauf nicht geben kann?"

Liebe/r Leser/-in, weißt du woran ich jetzt denken muss? Wenn wir einander auf der Straße begrüßen und ganz subtil die Frage ‚Wie geht's?‘ mit der oberflächlichsten Aussage beantworten. Nämlich mit ‚Alles gut‘. Wie sehr würde sich ein Austausch verändern, würde man die Frage ehrlich beantworten.

Es entstand ein wertvoller und gewinnbringender Austausch zwischen den Patienten und dem Therapeuten, der immer wieder einlenkte und Impulse einbrachte, sodass wir zu allen Eingangsfragen unsere eigenen Antworten finden konnten. Nämlich, dass es zwei Möglichkeiten gab – die der Verdrängung und die der Öffnung. Beides abgewogen mit der eigenen Positionierung. Ging es mir besser damit, mein Befinden nicht zu äußern oder zu thematisieren, dann könnte man diesen Weg wählen. Schöpfte man Energie daraus, den ehrlichen Austausch zu wählen, wäre auch dieser Weg richtig. Sprich: ich sage meinem Umfeld, dass ich es nicht weiß, ob es mir gutgeht, oder ich sage meinem Umfeld gar nichts, indem ich mit einem einfachen ‚Alles gut' abwinke.

Die Entscheidungen fielen individuell aus – gemeinsam sollten die Patienten in erster Linie nur die Positionierung zu sich selbst bestimmen. Zu beachten wäre auch, dass bei Widerstand von außen die eigene Haltung zur Positionierung gewahrt werden sollte. Das hieß konkret, dass die eigene Positionierung von anderen Systemen bewertet und hinterfragt werden könnte, und man dennoch standhaft bleiben sollte. Bitte merke dir den Begriff der eigenen Positionierung – ich versuche es fortan, bevor ich Entscheidungen treffe.

Beeindruckend fand ich eine Dame, welcher ein ganzes Kapitel gewidmet wird, die ihre Diagnose Burstkrebs als weiteren Benefit zum Teilen sah. Sie stellte sich der Gruppe als motivierte, immer funktionierende – ebenfalls Lehrerin wie viele andere hier – vor und erläuterte: „Nach der Diagnose dachte ich mir, dass ich jetzt auch noch in diesem Themenfeld mitreden kann. Jetzt kann man mit mir nicht nur lachen und tanzen, sondern auch über Krebs sprechen. Ich nehme das als Chance für mich mit und teile das mit allen."

Wenn man also zunächst keine Antwort geben konnte, dann war

man ehrlich zu sich selbst und erzwang eben auch keine. Wenn man eine Antwort hatte, musste man sich positionieren – in der Öffnung oder Verdrängung – das, was einem ein gutes Gefühl ermöglichte. Auch das war Selbstfürsorge. Meine Achtsamkeit fiel darauf, dass ich den Eindruck hatte, meine Positionierung immer sehr stark vom System abhängig gemacht zu haben. Meine Entscheidungen hingen davon ab, welche Außenwirkung dadurch erzeugt wurde. Ich wollte nie jemanden enttäuschen und ich wollte auch nicht, dass man mich aufgrund diverser Entscheidung eventuell weniger mochte. Weißt du, wen ich dadurch immer komplett ignoriert und enttäuscht hatte? – Mich!

ICH SCHWÄNZE HEUTE

Wenig Schlaf und viel Anspannung trübten den Morgen. Mir fiel auf, dass mir urplötzlich die Haare um die Narbe am Kopf ausfielen. Ich hatte keine Chemotherapie hinter mir, welche den Haarausfall hervorrufen hätte können.

Nun war visuell erkennbar, dass der Kopf noch arbeitete und noch immer heilte. Ich vermied den Gedanken gern, doch eigentlich lag die Operation nur zwei Monate zurück. Eigentlich war die Baustelle im Kopf noch immer in Betrieb. Obwohl die letzte Saunaerfahrung und das Zeigen auf meine Narbe mir noch negativ in Erinnerung geblieben waren, verlor ich allmählich die Priorisierung meines äußeren Auftretens. Irgendwie spielte es keine Rolle für mich, ob noch weiteres Haar ausfiel. Immerhin hatte ich einen Hirntumor entfernt bekommen – was interessiert mich da mein Look? Ich schlappte zudem das erste Mal mit Hausschuhen in den Speisesaal, band mir die Haare wild zusammen, legte kein Make-Up auf und schlüpfte in das bequemste Outfit, das der Reisekoffer hergab. Ich fühlte mich wie ein Hotelgast, dem es vollkommen egal war, ob er im Schlafanzug erschien – ich war hier Gast und nicht zur Schau für andere da.

Ich freute mich auf mein Frühstück. Christine, Uwe und Sigrid baten mir den letzten freien Platz an ihrem Tisch an und winkten mich eifrig her.

„Das sieht ja gesund aus. Schmeckt das auch?", fragte Uwe skeptisch, als er mein wässriges Porridge im Teller wanken sah.

„Naja – ich sag mal so: Ein Käsebrötchen fände ich jetzt auch lecker", antwortete ich träumerisch, obwohl die gesundheitlichen Aspekte bei der Auswahl meines Frühstücks Vorrang hatten. Ich bekam davon keine Bauchkrämpfe und auch der Reizdarm, der mich gewöhnlich plagte, war hier harmonischer als sonst.

„Also, ich war heute Morgen schon schwimmen und bei der Massage", erzählte Uwe freudestrahlend und eröffnete die Morgenrunde, in welcher jeder seinen Therapieplan beschrieb.

Mein Terminplan war heute etwas straff, was mir die freie Zeiteinteilung erschwerte. Ich löffelte mein Porridge sehr schnell aus und ließ meine geliebten Herrschaften, die bereits aufgegessen hatten, weiter diskutieren. Ich kam leider häufig als Letzte zum Frühstück, da dieses bereits ab 7:15 Uhr angeboten wurde. Die Toleranz bis 8:45 Uhr nutzte ich also schamlos aus und erschien nach 8 Uhr. Liebe/r Leser/-in, ich kann dir jetzt schon sagen, in diesem Punkt habe ich mich nicht weiterentwickelt – ich komme leider gern kurz vor knapp oder zu spät an. So bin ich eben.

Während der morgendlichen Untersuchungen lichtete sich allmählich der Tag und die Sonne kam erstmalig zum Vorschein. Eine unbekannte Wettererscheinung, denn die Wochen zuvor waren von Dauergrau und Regen geprägt.

Ich scannte meinen Therapieplan: Arztgespräch, Körpermessung, Physiotherapie, mentales Training, onkologische Gruppe. Ich entschied nach der Physiotherapie sehr intuitiv, dass ich heute schwänzen wollte.

Ich weiß, du findest die Aussage, einen Termin zu schwänzen, von einer Lehrerin bestimmt interessant. Als Lehrerin schwänze ich allerdings nie meine Unterrichtsstunden. Wirklich nie! Das Einzige, was ich als ‚darauf verzichten‘ beschreiben kann, sind das Beaufsichtigen von Klassenarbeiten. Wenn möglich, drücke ich das gerne an, weil ich die Stille und den Angstschweiß der Schülerinnen und Schüler nicht ertragen kann. Ich muss da tatsächlich selbst vor Nervosität aufs Klo. Anekdote - Ende.

Die Sonne lud mich dazu ein, sie zu genießen und eine Sehenswürdigkeit zu erreichen, welche mir von Christine bereits am zweiten Tag hoch angepriesen wurde. Ich entschied, dass das mentale Training zugunsten eines balsamierenden Ausflugs geschwänzt werden durfte. Ich finde, das schreit nach Positionierung!

Seit Christine davon erzählt hatte, stand dieses Monument auf meiner Reha-Bucket-List:

„Vom Hercules aus hast du einen wahnsinnigen Blick über den Bergpark und über Kassel. Wenn die Wasserspiele stattfinden – das ist absolut sehenswert und beeindruckend", teilte sie mir euphorisch mit. Die Statue des nackten Hercules stand auf dem höchsten Punkt des Bergparks. Es war sinnbildlich ein erstrebenswertes Ziel für mich

„Ich war ja schon im Bergpark und ich habe den Hercules von weitem auch schon sehen können. Ich werde da bald hingehen", beschloss ich selbstsicher.

„Das würde ich mir noch einmal überlegen. Bis zur Statue sind es über 800 Stufen, und das wirkt von unten nach oben blickend nicht so anstrengend, aber das ist es", riet Christine mir von meiner Idee ab.

Ich recherchierte also mal wieder die genaue Stufenanzahl und stieß auf die stolze Zahl 885. Normalerweise wäre diese Zahl ein Ansporn gewesen, mir diesen Ausblick zu erarbeiten. Da ich aber während meines Aufenthalts über mich schneller dazulernte als die Jahre zuvor, positionierte ich mich, indem ich mir eingestand, keine Übersäuerung meiner Muskeln zu wollen. Ich packte meinen Rucksack und suchte die passende Busverbindung heraus, um den Hercules mit wenig Mühen zu sehen. Um die Bushaltestelle zu erreichen, musste ich bereits einen Marsch zurücklegen, welcher meine Entscheidung, den Bus zu nehmen, nur noch bestätigte. Ich stieg trotz der geringen Anstrengung schwitzend ein und genoss dann die Aussicht aus dem Bus – mit wenig Anstrengung Höhenmeter machen – einfach großartig! Mein metaphorisches Sammelsurium öffnete ich und packte den schönen Augenblick einfach ein. Im Übrigen mochte ich Busfahren überhaupt nicht – an diesem Tag kam es mir aber wie eine Attraktion vor. Ich saß samt Rucksack auf meinen vier Buchstaben und wurde in wenigen Minuten an mein Endziel befördert.

Am Hercules angekommen, bot sich mir ein Ausblick, der pure Lebensfreude in mir auslöste. Ich zückte mein Handy und fotografierte und filmte das Panorama. Ich war glücklich. Einfach glücklich. Natürlich hatte ich die Strapazen des Aufstiegs nicht erlitten und somit eventuell auch den wunderschönen Ausblick nicht qualvoll erarbeitet – doch hatte ich ihn mir verdient. Denn wir erinnern uns: ich hatte gelernt, dass man Schuften musste, um Anerkennung oder ‚Geschenke' zu erhalten. Dieser Augenblick, den ich dank Deutschland-Ticket (sponsored by my boss, thank you) ohne weitere Kosten und ohne Anstrengung erreichen konnte, war ein Geschenk an mich selbst, und ich genoss es in vollen Zügen.

Für das System ,Therapiegruppe' war ich nicht beim mentalen Training erschienen – das war sicher nicht der feinste Zug, doch in diesem Augenblick besonders wichtig für mein eigenes System. Das Schwänzen hatte sich hier so dermaßen gelohnt!

Begeistert von meinem Erlebnis und meiner Entscheidung für mich, wanderte ich zurück zur Klinik. Christine hatte nicht erwähnt, dass auch die Wanderung von oben nach unten anstrengend genug war. So zeigte meine Apple Watch am Ende des Tages genug Schritte für zwei Tage an, und ich labte mich im Gefühl, heute richtig aktiv gewesen zu sein und dabei noch so was Schönes gesehen zu haben.

Ich erschien pünktlich zum nächsten Termin, welcher glücklicherweise von derselben Therapeutin begleitet wurde, welche das mentale Training im Vorfeld angeboten hatte. Ich erklärte ihr also, warum ich den vorherigen Termin verpasst – schwänzen klang zu hart - hatte und welche Beweggründe ausschlaggebend waren.

„[…] Die Sonne schien und ich wollte unbedingt dorthin", erklärte ich entschuldigend.

Sie nickte mir lächelnd zu und maßregelte mich nicht dafür. „Das, was Ihnen in dem Moment guttut, das machen Sie. Entschuldigen Sie sich nicht für Ihre Entscheidung. Melden Sie sich lediglich das nächste Mal vorher ab."

Du kannst dir eigentlich genau diesen Satz markieren. Entschuldige dich nicht für deine Entscheidung – kommuniziere sie lediglich vorher.

Randnotiz: Liebe/r Schüler/-in, meinem Unterricht fernzubleiben, muss auch wirklich gut begründet werden □

DER KORKENZIEHER MUSS TANZEN

Du kennst das sicher auch: an manchen Tagen fällt dir alles schwer. Du hast schlecht geschlafen, und eventuell hast du sogar einen unangenehmen Start in den Tag, weil äußere Umstände noch einen draufsetzen – oder: du ziehst das Pech aufgrund des schlechten Morgens gedanklich für den Rest des Tages sogar selbst an. Mir ging es an diesem Tag auch so, nur dachte ich nicht, dass am Ende des Tages noch so viele unterschiedliche Dinge auf mich einprasseln würden.

Nach meinem neu zusammengestellten Frühstück der Ernährungsberaterin, das aus Haferbrei, vielen Nüssen, Samen und Quark bestand und nun um einen Teelöffel Leinöl ergänzt wurde, machte ich mich auf den Weg zur Psychotherapie. Etwas voreingenommen, da ich nicht wusste, worüber ich reden sollte, begab ich mich zu meiner Therapeutin. Im Grunde hatte ich mit ihr schon einiges zum Thema ‚Grenzen setzen‘ und ‚Positionierung‘ besprochen. Was sollte also noch hinzukommen?

Ich fragte mich, wie Therapeuten es schafften, mit so einer Auffassungsgabe, Eloquenz und Empathie das Tageslicht der Welt zu erblicken, denn es dauerte nur wenige Momente, bis das Thema der heutigen Sitzung entlarvt wurde.

Du erinnerst dich sicher daran, dass Anerkennung immer mit Schufterei in mir verknüpft wurde. Die Therapeutin erläuterte das Konzept der Toleranzgrenze, die bei jedem Menschen unterschiedlich ausgeprägt sein kann. Sie beschrieb diese Grenze, indem sie einen Abstand zwischen ihrer rechten und linken geöffneten Handfläche herstellte. In diesem eigenen selbstbestimmten Toleranzbereich sei der Mensch zufrieden. Geschieht etwas, kann uns das in unterschiedliche Richtungen aus unserer Toleranzgrenze ziehen. Wir sind überglücklich, weil etwas Großartiges geschehen ist oder wir sind zutiefst betrübt, weil Gegensätzliches vorgefallen ist. Passiert nichts, sind wir innerhalb unseres Toleranzbereichs, in welchem wir zufrieden sind – so kurz zusammengefasst.

Ich ergänzte ihre Ausführungen mit meiner Ansicht: „Jeder Mensch hat also diese Toleranzgrenze, in welcher er sich positionieren kann. Ich empfinde nicht, dass ich eine solche Toleranzgrenze habe. Ich verknüpfe mit diesen Gefühlen und Grenzen ein anderes Bild."

„Wie würden Sie Ihr Bild beschreiben?", fragte die Therapeutin.

„Ich sehe mich mit beiden Beinen im Leben stehen, und von links zieht mich jemand am linken Arm immer wieder nach unten. Ich versuche mich immer wieder zu wehren, und das kostet mich Energie. Im gleichen Zug strecke ich meinen anderen Arm nach oben aus und möchte so viele schöne Erlebnisse sammeln, wie nur möglich", beschrieb ich. Die Therapeutin visierte mich während des Sprechens an, was mich überraschenderweise nicht verunsicherte. Der Blick durchdrang mich förmlich, doch ich ließ es geschehen.

„Wenn Sie schöne Erlebnisse sammeln – wie ist das für Sie?", hakte sie nach.

„Ich habe ja letztes Mal schon bemerkt, dass ich Positives nicht wirklich verinnerliche und verdaue. Hier sehe ich das ähnlich, denn wenn ich etwas Schönes erlebe, dann will ich mehr und immer mehr. Ich möchte gar nicht in eine Toleranzgrenze zurück – da habe ich den Eindruck, nichts für mein Glück zu machen", stellte ich fest. Dieser zufriedene Zustand, den jeder Mensch im Leben haben sollte, existierte in meiner Wahrnehmung nicht.

Ich stand also wie ein gespreizter, funktionsuntüchtiger Korkenzieher im Leben, der die Flasche öffnen wollte, den Korkenzieher aber falsch nutzte und ihn in diverse Richtungen gleichzeitig zog.
Die Therapeutin ging noch weiter. „Seeking of happiness – also diese ständige Suche nach Glück. Diese Zufriedenheit, diese Sicherheit, dass alles gut ist im Moment, die können Sie ja gar nicht festhalten, denn von links zieht ja permanent jemand – daher ist auch der feste Stand in der Toleranzgrenze kein zufriedener Zustand für Sie, denn Sie scheinen ja eher den Arm, der Sie in den Abgrund ziehen möchte, loslassen zu wollen", beschrieb die Therapeutin. Ich behielt das Bild des gespreizten Korkenziehers und fühlte mich auf einen Schlag wertlos. Die Therapeutin ging noch weiter und ergründete den Flaschenboden.
„Es scheint mir, als gebe es noch einen Knoten. Etwas scheint Ihnen Angst zu machen, weswegen Sie die linke Hand noch nicht loslassen können."

Was ließ ich denn nicht los? Ich versuchte mich an irgendetwas Traumatisches zu erinnern, das nichts mit der Diagnose zu tun hatte, denn diese beleuchtete Angst hatte ich bereits davor. Ich dachte immer, dass mein größtes Laster in der Schulzeit entstanden war, als ich zunächst keine Freunde hatte, schlechte Leistungen erbrachte und dann auch noch gemobbt wurde. Doch die Therapeutin fragte weiter und weiter, und es wurde klar, dass manches noch viel tiefer lag, als man selbst wahrhaben wollten.

Sie ließ mich so tief graben, dass unbewusst eine Wut in mir ausbrach, von der ich nicht dachte, dass es sie noch gab. Sie fand einen Knoten, den ich doppelt und dreifach gebunden und für den Weltrekord vorbereitet hatte, sodass ihn keiner zu lösen vermochte.

Im Zuge meiner sich auftürmenden Wut, fiel der Begriff „Wunscherfüllerin", welchen Sie negativ auslegte. „Wenn Sie so weitermachen und als Wunscherfüllerin für andere weiter dienen, bleiben Sie auf der Strecke. Das ist selbstzerstörerisch und verlangt eine innere sowie äußere Trennung des schmerzauslösenden Problems." Entschuldige bitte, dass ich hier lediglich bildlich bleibe, denn obwohl ich dir Einblicke in mein Innerstes gebe, muss ich hier einen kleinen Bereich für deine Vorstellungskraft offenlassen, um damit niemanden zu verletzen.

Stell dir vor, du weißt genau, was zu tun ist, um diesen Knoten zu lösen, aber es hängt von so vielen anderen Faktoren ab, die dir eine so klare Trennung schwermachen. Ich rang mit den Tränen, ließ sie aber nicht zu – ich wollte keine Schwäche zeigen, obwohl es gar keine war.

Welches Manöver wählt dieser Typ Mensch, der unangenehm getroffen wird, um abzulenken? Was macht ein Kind, wenn es ertappt wird und nicht darüber sprechen möchte? Es lächelt verlegen, scherzt oder zieht die Situation in eine groteske oder lächerliche Richtung. Genau diesen Weg wählte ich auch, obwohl die größte Vulnerabilität meines Lebens thematisiert wurde.

„Wenn ich jetzt so darüber nachdenke, habe ich schon viel aushalten können und bin noch immer stark", scherzte ich auflockernd und vermutete, eine Stärke präsentiert zu haben. Ihre Augen wurden ernster und wenn sie bisher meine Seele noch nicht in ihrer Gänze erblickt hatte, dann hatte sie sie spätestens jetzt wie einen Käselaib durchlöchert.

„Machen Sie nicht den Fehler, Ihre Psyche so zu manipulieren, dass das Aushalten von Schmerzen oder Ballast als Stärke gesehen wird. Ähnlich zur Schufterei, welche Sie jahrelang als Normalität jahrelang verstanden haben. Indem Sie sich selbst für Ihre Benevolenz lobpreisen, halten Sie die Verbindung zum Problem aufrecht und verankern es weiter, wie es bisher auch der Fall gewesen ist", schilderte sie mir eindringlich. Kurzum, es gab gar keinen Grund, stolz auf das zu sein, was man alles in seinem Leben ertragen hatte.

Wir leben nicht, um zu ertragen. Wir leben, um zu genießen. Das Leben als Geschenk erleidet man gewöhnlich nicht, nicht wahr?

Sie hatte also den wundesten Punkt erwischt und festgestellt, dass ich in vielen Situationen als Wünscherfüllerin und Problemlöserin für andere Personen galt. Ich übernahm die Aufgabe, anderen das Leben einfacher zu machen oder deren Probleme zu lösen – selbst, wenn ich dabei auf der Strecke blieb.

Jetzt fragst du dich eventuell, was daran so schlimm sein soll, hilfsbereit zu sein. Immerhin ist es wünschenswert, dass wir Nächstenliebe als Wert vertreten und nicht das arrogante Arschloch von nebenan sind, das aus der Ferne schon nicht leiden kann.

Worin der Unterschied bestand, schilderte die Therapeutin weiter. Sie erklärte, dass es einen Unterschied zwischen Empathie und Projektion gab. Hineinfühlen, also empathisch zu sein, wäre etwas Schönes, sofern man nicht gezwungenermaßen hineinprojiziert wurde oder es sogar selbst tat. Denn dann wurde das Problem der anderen zum eigenen. Ganz gleich, wessen Problem dir nahegelegt wurde – man musste es schaffen, sich davon zu distanzieren.

Hey Leser/-in, lass uns das noch einmal theoretisch beleuchten: Wenn man sich also in die Probleme anderer hineinprojizieren lässt, werden diese zu unseren eigenen. Mein lieber Verwalter, was eine Wucht! Theoretisch sage ich sofort: Nein, danke! Wie sieht es bei dir theoretisch aus? In der Praxis sieht es bei mir auf jeden Fall anders aus und ich wundere mich bald nicht mehr, wieso mein Kopf dermaßen überlastet war, dass selbst der Tumor dachte: „Ich will hier raus!" Das Zusammenspiel aus theoretischer Erkenntnis und praktischer Ausführung ist so wichtig und so unfassbar herausfordernd und doch, sage ich dir voller Elan, wie wahnsinnig spannend es ist, dass wir unseren Verstand so nutzen können, dass sich unser Handeln zu unseren Gunsten verbessern kann. Das ähnelt zumindest mehr der Vorstellung, das Leben als Geschenk wahrzunehmen.

„Sie sind nicht auf die Welt gekommen", fuhr die Therapeutin aus, „um anderen zu dienen."

Sie schloss mit diesem Satz eine unheimlich lehrreiche Therapiesitzung voller Emotionen und empfahl mir, noch etwas Schönes heute für mich zu machen. Das empfehle ich dir im Übrigen auch. Mach heute etwas Schönes nur für dich. Sei dein/e eigene/r Wunscherfüller/-in!

DIE LEICHTIGKEIT DES BLAUS

Nach einer intensiven und stark emotional geprägten Therapiesitzung zog mich der linke Korkenzieherarm mit voller Wucht nach unten, weswegen ich mich am liebsten im Zimmer verkrochen, ein bis drei (oder auch vier) in Milch getunkte Prinzenrollenkekse in den Rachen geschoben und mich selbst bemitleidet hätte.

Du glaubst nicht, wie oft ich in meinem Leben Kekse in Milch tunken wollte. Ich glaube, das lässt sich definitiv psychologisch deuten. Eventuell liegt das aber auch einfach an meinen kulturellen Wurzeln. Die tunken auch gern Diverses in Eis, Milch oder einer Ladung Olivenöl.

Die Erkenntnisse, die ich dir hier immer wieder aufschreibe, kamen während meines Reha-Aufenthalts nicht immer direkt im Anschluss. Manchmal offenbarten sich diese wenige Stunden oder auch Tage später. Dementsprechend fand ich mich häufig in Situationen wieder, in welchen ich an alte Muster anknüpfen wollte. Getunkte Prinzenrollenkekse sind nur ein Abbild von vielen.

Kleine Anekdote zwischendurch: in den ersten Semestern meines Lehramtstudiums war ich des Öfteren frustriert, weil ich durch die ersten Prüfungen gerasselt war. In meiner Trauer gab es dann dieses Abbild: Tiefkühlpizza mit Balsamico Dressing und abschließendem Kakao. Ekelhaft, oder? So wollte ich mich aber damals fühlen, wenn mich irgendwas schwer traf. Allein und ekelhaft. Oh Wunder, denn ich dachte, ich hätte es ja nicht anders verdient. Schade, dass ich nicht früher gelernt hatte, wie man mit Niederlagen sinnvoller umging.

Der aktuelle Therapieplan sah aber Frustessen und Ekel nach alten Manieren terminlich nicht vor. Stattdessen war der letzte Termin des Tages Yoga. Obwohl ich das sehr mochte und tief im Inneren am liebsten eine gelenkige, erleuchtete Yogalehrerin wäre, wollte ich diesen Termin ausfallen lassen. Leider oder auch glücklicherweise führte mein Rückweg am Turnsaal vorbei, in welchem die Yogalehrerin bereits wartete. „Hier findet Yoga statt!", rief sie und forderte mich indirekt zum Betreten des Sportsaals auf.

Ich betrat den Raum, äußerte meine Zweifel, ob das hier der passende Kurs für mich wäre und suchte irgendwelche Ausflüchte, um doch noch den Schokokekstraum oder Pizzaschauer zu leben. Die Yogalehrerin ließ mich nicht ziehen; stattdessen bot sie mir an, den Kurs auf mich abzustimmen, sodass es mehr Haltungen einzunehmen gäbe als beim letzten Mal, was ich zuvor bemängelt hatte. Wie du dir denken kannst, kann man den Raum wohl kaum verlassen, wenn man die Extrabehandlung angeboten bekommt. Ich rollte also meine Matte aus, nahm ein Meditationskissen und eine Decke.

Wir begannen, verschiedene Haltungen einzunehmen und konzentrierten uns auf das Becken und den Rücken, öffneten unser Herz und achteten auf unsere Atmung, während sich An- und Entspannung abwechselten. Während der Praxis schwirrte noch der ein oder andere Gedanke in meinem operierten Kopf herum. Wie befreie ich mich von meinem Problem? Wie kann ich den Knoten lösen? Wie kann ich Grenzen besser setzen? Wie positioniere ich mich zukünftig? Immer wieder besann ich mich in die Gegenwart zurück und lauschte der angenehmen Stimme der Yogalehrerin, die mir glücklicherweise mehrere Atemzüge der Entspannung anbot. Ich erinnerte mich an Yogastunden mit ähnlichen Anweisungen von Mady Morrison, die ich gern mochte.

„Noch zwei Atemzüge so, und dann legen Sie sich in Rückenlage, die Fersen nach innen und die Fußspitzen nach außen zeigend. Öffnen Sie ihre Handfläche nach oben. Wenn Sie bei der Abschlussmeditation nicht teilnehmen wollen, dürfen Sie den Raum nun verlassen", leitete die Yogalehrerin die Abschlussmeditation ein.

Vor meinem inneren Auge bildete sich weder Schokokeks noch Pizza ab, also beschloss ich, mich auf diesen Abschluss einzulassen. Die Yogalehrerin begann in zeitlich weiten Abständen, die Meditation einzuläuten, sodass genug Zeit war, tief darin einzutauchen. Wenn ich das so schreibe, kann ich es fast nicht glauben, dass mir das wirklich gelungen ist. Ich sank immer tiefer und tiefer ein, sodass ich mich zwei Mal zusammenreißen musste, nicht zu schnarchen. Ist dir das schon einmal passiert, dass du oder ein/e andere/r beim Meditieren weggeratzt ist?

Ich sorgte mich nicht mehr darum, was noch passieren könnte oder – ganz banal – ob aus mir Geräusche austreten könnte, für welche ich mich schämen würde. Es war kein Gedanke da.

Ich atmete weiter, bis meine Aufmerksamkeit ungeplant auf etwas Sensationelles gelenkt wurde. Vor meinem inneren Auge erkannte ich ein immer größer werdendes, blau erstrahlendes Auge, das sich immer wieder öffnete und schloss. Sobald ich mich darauf konzentrierte, intensivierte sich das Blau und schwang öffnend und schließend vor meinem inneren Auge weiter. Ich wollte, dass es nicht mehr aufhörte, und richtete meine gesamte Aufmerksamkeit auf diese Erscheinung. In diesem Zustand fragte ich mich nicht, was es war – ich wollte es einfach nur sehen und weiter spüren.

„Sie können nun langsam", unterbrach die sanfte Stimme die Stille, „wieder zurückkommen und sich langsam bewegen."

Beim Klang der Stimme verschwand das blaue Auge, obwohl ich versuchte, an der Erscheinung festzuhalten. Das Bild, das Gefühl, der Zustand – weg.

Was war das denn? Wenn du nicht offen für Spiritualität bist, ist das kein Problem – denn es gibt verschiedene Theorien über das Erscheinen von Farben während einer Meditation. Darauf liegt aber nicht der Schwerpunkt. Solltest du dich dafür interessieren, wirst du das sicher selbst recherchieren. Es gibt unzählige Theorien – wissenschaftliche sowie spirituelle/religiöse.

Das Faszinierende für mich war die gelungene Tiefenentspannung, in die ich gesunken war. Ich fühlte mich so leicht, und der ganze Ballast, der sich im Vorfeld aufgetürmt hatte, war wie verflogen. Wenn das für dich zu euphorisch klingt und zu schön, um wahr zu sein – dann darf ich dir sagen, dass ich das genauso denken würde, wenn ich es nicht wirklich so erlebt hätte.

Ich verließ den Turnsaal mit dem leichtesten Gepäck, obwohl der Tag nicht verheißungsvoll begonnen hatte. Kein Schokokeks und keine Pizza der Welt hätten diese Leichtigkeit in mir bewirkt.

SOLANGE SCHMETTERLINGE FLIEGEN

Als ich die Diagnose ‚Hirntumor' erhielt, vermutete ich, dass ich den Austausch mit Betroffenen benötigen würde. Ich wollte wissen, wie es anderen damit erging, und notwendige Tipps erfragen, mit welchen ich meine Gesundheit stärken konnte; am liebsten wünschte ich mir natürlich ein Mittel gegen das Wachstum eines weiteren Tumors oder die Diagnose überhaupt nicht haben zu müssen, aber das blieb eine Utopie in weiter Ferne.

Als ich wieder mit meiner Gang, die aus Uwe, Christine und Sigrid bestand, zu Abend aß, verwies Uwe auf den Nachbarstisch. „Die Frau im Gestreiften – die hat oder hatte, glaube ich, auch einen Hirntumor."

Ich schaute zu ihr herüber, zögerte nicht lang und setzte mich zu ihr. Mittlerweile war es ein Leichtes für mich, Patientinnen oder Patienten anzusprechen. Ich zählte nach ein paar Wochen Aufenthalt nun zum Stammpersonal.

„Darf ich?", fragte ich höflich.

„Natürlich. Ich bin Isolde. Freut mich, dich kennenzulernen", stellte sich die Dame mir vor.

Das Gespräch konzentrierte sich sehr schnell auf unsere Schicksalsschläge, wobei sich ihre Diagnose von meiner doch deutlich unterschied. Aus ihren Erzählungen vermutete ich, dass sie Mitte 40 oder älter sein musste. Sie hatte einen 14-jährigen Sohn und war verheiratet, allerdings zur Zeit der Diagnose getrennt lebend.

„Als die Diagnose kam, suchte mich mein Ex-Mann sofort auf und war wie ausgewechselt", begann sie zu erzählen, „meinen Tumor haben sie vor vier Jahren entfernt, wobei noch ein Rest dringeblieben ist. Eigentlich haben die Ärzte mir nur ein halbes Jahr gegeben, und jetzt sind vier vergangen."

Als ich sie nach der genauen Tumorbezeichnung fragte, konnte oder wollte sie mir diese Frage nicht beantworten. Mittlerweile weiß ich, wie viele verschiedene Formen und Arten von Hirntumoren existieren und dass die Stelle im Gehirn diverse Lebensprognosen und Gefahren bergen kann. Hirntumor ist nicht gleich Hirntumor. So wie Krebs nicht gleich Krebs für alle ist. So wie auch Schmerz nicht gleich Schmerz für jeden ist.

Jedenfalls erklärte sie, dass der Tumor am Stammhirn lag, was äußerst gefährlich sein kann. Nicht selten ist die operative Entfernung an dieser Stelle risikoreich oder sogar unmöglich, da dadurch viele Funktionen irreparabel geschädigt werden können.

„Ich habe noch heute Probleme mit meiner Logik und Orientierung", erzählte sie mir. Ich stellte ebendies fest, dass sie Gespräche nicht kohärent aufbauen oder ihnen folgen konnte. Sie verlor häufiger den Faden und wirkte angespannt beim Zuhören. Genauso strengte es mich an.

Sie fragte mich auch zu meinem Krampfanfall aus und erzählte mir von ihren multiplen, die sie beim Vergessen der Tabletten erlitten hatte. Immer wieder betonte sie, die Wichtigkeit dieses Medikaments und die Gefahr eines wiederauftretenden Krampfanfalles, während ich betonte, die geringste Menge zu nehmen und bei Möglichkeit diese absetzen zu wollen.

Ich mochte keine Medikamente oder sonstige Chemie in meinem Körper – außer Tattoofarbe… das finde ich sexy.

„Pass aber auf, dass du genug schläfst, sonst kannst du auch einen Anfall bekommen", warnte sie mich. Ich kannte dieses Verhalten, auf alles Acht geben zu müssen und dabei die schöne Seite des Lebens zu verpassen. Es gefiel mir nicht, dass ich vor allem gewarnt wurde und in die Schublade „Du bist jetzt richtig krank" gesteckt wurde. Zudem erkannte ich, wie eine oberflächlich gleichklingende Diagnose, unterschiedliche Auswirkungen haben konnte.

Natürlich weiß man, dass ein Hirntumor nicht bei allen den Tod nach sich ziehen muss. Doch mein anfängliches Bedürfnis, Verständnis in einer Person mit ähnlichem Schicksal zu finden, führte überraschend zu einer anderen Erkenntnis.

Ich wollte mir hier weder Tipps im Umgang mit der Diagnose abholen noch wollte ich mich mit ihr identifizieren. Im Gegenteil. Ich war aufgrund der unterschiedlichen Diagnosen und der körperlich/mentalen Einstellung an einem ganz anderen Punkt wie sie. Ehrlichweise hatte ich den Eindruck, dass sie in mir eventuell eine Leidensgenossin finden wollte, mit welcher sie fortan Gespräche darüber führen konnte. Geteiltes Leid ist doch bekanntlich halbes Leid – aber in diesem Fall fühlte es sich an, als wollte man sich mit mir in ein Meer aus Selbstmitleid stürzen, sodass man, wenn schon, gemeinsam ertrank.

Ich beschloss, weiterhin freundlich und respektvoll zu sein, zukünftig aber nicht die Wunscherfüllerin für sie zu spielen. Im Nachgang merke ich, dass ich doch vor Ort schon etwas von dem Gelernten umgesetzt hatte.

Nachdem ich ihren Leidbekundungen und Warnungen nicht zustimmte und davon ablenkte, ließ Isolde sich schließlich auf positiveren Austausch mit mir ein.

„Was bereitet dir denn Freude, Isolde?", fragte ich sie ablenkend.

„So vieles! Weißt du, ich freue mich schon, wenn Schmetterlinge durch die Luft fliegen", sagte sie euphorisch und lachte dabei. Bemerkenswert, dass Menschen, mit den schlimmsten Diagnosen, die Schönheit der einfachen Dinge wahrnehmen lernen. Mir ging es ähnlich. Ein Sonnenstrahl auf meiner Haut, ein guter Kaffee am Morgen, der Bergpark, die Anwesenheit bestimmter Menschen... - immer wieder rief ich in mir das Bild ab, dass ich das alles aus dem Krankenhauszimmer nicht mehr erleben konnte und empfand in der Situation unheimliche Dankbarkeit.

Isolde merkte wieder an, dass ihr nicht mehr allzu viel Zeit bleiben würde und eröffnete mir einen ihrer letzten Wünsche: „Nun sind seit der Diagnose vier Jahre vergangen und mein Sohn ist nun 14. Ich möchte jetzt noch weitere vier Jahre leben, bis mein Sohn das Abitur geschafft hat."

Ich war froh, dass in all der Dramatik der Leidensgeschichte doch ein Funken Hoffnung aufkeimte, ärgerte mich aber über ihr gesetztes Limit.

„Wieso setzt du dir diese Grenze? Vielleicht lebst du doch noch länger. Du hast doch schon vier mehr geschafft!", ermunterte ich sie. Ich hatte den Eindruck, sie mit meiner Aussage nicht erreicht zu haben. Plötzlich kam mir postwendend der bessere Spruch für sie, mit welchem ich mich auch von ihr verabschiedete.

„Wir machen es anders. Du lebst, solange Schmetterlinge fliegen."

DATENSCHUTZ SCRABBELEI

Nach den vergangenen Wochen Aufenthalt in der Klinik, kannte ich so einige Gesichter und Geschichten und fühlte mich schon lange nicht mehr allein. Die Gesellschaft, die ich hier erlebte, glich überhaupt nicht meiner gewöhnlichen, und doch empfand ich teilweise, dass diese hier, trotz Schicksalsschlägen, viel unbeschwerter war als zuhause. Keinen hörte ich von Verpflichtungen sprechen, was natürlich auch dank des fürsorglichen Umstands so war, aber ich hörte auch wenige klagen oder meckern.

Jeder nahm die Dinge so, wie sie fielen. War kein freier Sitzplatz mehr am üblichen Tisch frei, saß man sich eben anderswohin. Schmeckte das Essen nicht, erwähnte man trotzdem die Reichhaltigkeit des Angebots. War das Wetter bescheiden, ging man trotzdem hinaus, weil man ja etwas Kraft zum Laufen besaß.

Diese Freundlichkeit und diese Positivität beeindruckten mich Tag für Tag. Man grüßte sich jeden Morgen, ob Patient, Küchen- oder Reinigungspersonal, Therapeut oder Oberarzt, auch wenn man sich noch nicht kannte. Sich zu grüßen halte ich zwar für ein Muss in unserer Gesellschaft, doch stelle ich immer wieder verblüfft fest, dass wir bei Spaziergängen seltener grüßen und sogar wegschauen.

Kennst du das? Man meidet sogar den Blick des anderen, um eben nicht grüßen zu müssen. Hier war das nicht so – hier blickte man erwartungsvoll ins Gesicht, um einander endlich zu grüßen.

Man achtete darauf, dass keiner im Speisesaal allein saß, außer derjenige, der es ausdrücklich wollte. Die Freiheit gab man einander, ohne eine Erklärung zu erwarten. Niemand ver- oder beurteilte. Die Gesellschaft, die sich aus unseren Reihen bildete, war eine wohlwollende mit nur einem Ziel: gesund werden und das Leben genießen.

„Welche Pläne habt ihr noch heute Abend?", fragte Sigrid in die Runde, als wollte sie eine Pre-drinking Party organisieren.

Es war 19 Uhr und ich sah mich schon heiß duschen und in Embryonalstellung schlafen. Die 33-jährige vs. die Ü80-jährige, die, wenn sie könnte, sicherlich auch um die Häuser gezogen wäre.

„Wir könnten doch Gesellschaftsspiele spielen? Gibt es hier welche?", fragte Christine neugierig und holte mich damit wieder in das Hier und Jetzt zurück.

Uwe beobachtete uns, schien von der Idee aber nicht begeistert zu sein. Vermutlich überlegte er sich schon den nächsten neckenden Kommentar in meine Richtung.

„Also, ich kann euch Kniffel anbieten. Das habe ich früher mit meiner Oma oft gespielt", bot ich an und dachte dabei, voll ins Schwarze getroffen zu haben. Aber nein, Kniffel schien überhaupt nicht der Renner zu sein. Ich erhielt keine Reaktion auf diesen weltbewegenden Vorschlag.

„Wie wäre es mit Scrabble?", fragte Christine stattdessen hinterher.

Natürlich wollte die Allwissende der Allwissenden, das überdimensionale Wörterbuch auf zwei Beinen, das lexikalische Weltwissen, Scrabble spielen. Ich hätte so viele Beschreibungen für Christine – und keine davon trifft nur ansatzweise, wie sie wirklich war.

„Kein Wunder, dass du Scrabble vorschlägst. Bei der Konkurrenz können wir das Spiel auch vor Beginn direkt beenden", neckte ich Christine.

„Sei nicht so garstig!", mahnte sie mich schmunzelnd.

Ihr Kommentar erinnerte mich an Gollums Redensart gegenüber Hobbits, ‚Garstige kleine Hobbitse!'

Stell es dir einmal vor – ich konnte es Christine nicht sagen, sie wird es aber hier nun lesen. Christine, ich habe das Wort garstig auch schon jahrelang nicht genutzt, aber wer weiß, vielleicht ab heute, wenn Schülerinnen und Schüler aus der Reihe tanzen: Garstige, kleine Schüler!

Die Auswahl des Gesellschaftsspiels war mir im Grunde egal. Ich genoss die Anwesenheit dieser drei Herrschaften. Uwe, Christine und Sigrid. Meine Gesellschaft, mit welcher ich dreimal am Tag gemeinsam am Tisch saß, auch wenn sie dabei das Handy häufiger als ich in der Hand hielten. So viel zum Thema, die jüngere Generation zolle manchmal nicht genügend Respekt! Meistens zeigten sie Fotos von ihren Kindern, Ehepartnern oder Haustieren, woraufhin ich nur erwähnte, Fotos von meinem Partner zeigen zu können, was allerdings sicherlich niemanden interessieren würde. Wenn ich dir sage, dass da auch keiner weiter nachgefragt hat, bestätigt sich diese Vermutung.

Wieso gibt man eigentlich immer mit seinen Kindern oder Haustieren an, aber mit seinem Freund prahlen, das geht nicht? Ich kannte das von meinen Eltern. Sie schickten auch gern Fotos von mir via WhatsApp, die für die Menschheit verboten werden sollten, an die halbe Verwandtschaft. Total stolz! Datenschutz, das Recht am eigenen Bild? Komm, lassen wir's – Eltern sind einfach stolz auf das, was sie großgezogen haben. Ich werde es – laut meiner Mutter – irgendwann auch verstehen … - bis dahin schicke ich also Fotos meiner Schülerinnen und Schüler umher, um zu zeigen, wie stolz ich bin. Kleiner Scherz – alle peinlichen Bilder von ihnen sind auf der Festplatte passwortgeschützt hinterlegt.

Während also Kind und Tier in der Runde auf dem Serviertablett gezeigt und beschrieben wurde, versuchte ich mir aufmerksam jedes Bild und jede Geschichte dazu einzuprägen. Auch wenn ich häufig Geschichten der Kinder wiederkehrend hörte, gab es auch Erzählungen, von denen ich wusste, dass sie einmalig bleiben würden.

Obwohl wir eigentlich ein Gesellschaftsspiel aussuchen wollten, vertieften wir unsere Gespräche und Christine erzählte von einer Oper, welche sie besucht hatte. „Das war eine ganz unbekannte Oper von einem noch unbekannteren französischen Komponisten. Sie hieß Lakmé."

Uwe und ich schauten uns stutzig an. Wir hatten keinen blassen Schimmer, ob man Lakmé beim Asiaten bestellen konnte oder ob es eine Gesichtscreme war.

„Lak-was?", fragte Uwe nach.

„Lakmé – so hieß die Tochter des Brahmanenpriesters aus einem indischen Hain. Dann gab es noch das Blumenduett – das war schön. Ich weiß allerdings nicht mehr genau, worum es ging, weil die Oper eher unbekannt ist", erklärte Christine erstmalig lückenhaft. Sie wusste es nicht genau – ein Moment des Triumphs für alle Ungebildeten im Duell.

„Also die Oper ist unbekannt und der Komponist ist noch unbekannter. Lakmé – und mit dir sollen wir *scrabblen*? Du legst wahrscheinlich noch Begriffe, die vor meiner Geburt verwendet wurden oder völlig unbekannt sind", ärgerte ich sie.

Die Gesellschaft lachte herzlich. Wenn ich Menschen in mein Herz schloss, dann lockte ich sie nach und nach aus der Reserve, indem ich sie neckte. Ich nahm meine Edeldame so aufs Korn, dass sie tatsächlich sprachlos verblieb. Da es keine weiteren Vorschläge gab, und steilgehen mit Sigrid in der Klinik wegfiel, stand fest: heute Abend wird richtig hart *gescrabbelt*.

VERRÜCKTER SPASS MIT MARLIES

Stell dir vor, ich beschreibe dir nun eine ältere, seit langer Zeit pensionierte Frau, welche unter Arthrose leidet und schweren Brustkrebs hinter sich hat. Sie arbeitete ein ganzes Leben als – natürlich, was sonst - Lehrerin und erfüllte dabei nicht wenige Sonderaufgaben.

Kurze Unterbrechung deiner Imagination: Schon wieder eine Lehrerin! Ich war in der Reha-Klinik nur so umgeben von Lehrkräften. Wieso erkrankten so viele im onkologischen oder psychosomatischen Bereich? Diesen Gedanken lasse ich vorerst so stehen – aber es erschreckt mich noch heute. Lehrergesundheit, hallo? Reform, hallo? Hallo? …

Weiter in unserem Imaginationsspiel: Wie stellst du dir mit diesen wenigen Informationen rein intuitiv diese Frau vor? Klein, eventuell weiße oder graue Kurzhaarfrisur? Gebeugter, langsamer Gang? Brille? Vielleicht stellst du sie dir auch so vor, dass sie in Gesprächen häufiger nachfragen muss, weil sie schlecht hört? Ladies and Gentlemen – hier kommt: Marlies.

„Hey kommst du heute Abend auch zum Jerusalema-Tanz?", fragte mich Marlies im Speisesaal.

„Äh … ich weiß noch nicht. Meine Koordination ist noch nicht so gut. Eigentlich würde ich gern tanzen, aber meine Ärztin meinte, es sei noch zu anstrengend", wandte ich ein.

„Du kannst es dir ja überlegen. Das Schöne ist ja, wir müssen hier gar nichts. Du darfst aber gern kommen, wenn du möchtest", lud Marlies mich freudig ein.

Ich hatte den Tanz bereits einmal für einen Flashmob auf einer Hochzeit einstudiert, weswegen ich davon ausging, dass ich es wieder schaffen konnte. Ich nahm mir vor, das als mentales Training auszuprobieren.

Um 19:30 Uhr betrat ich den Turnsaal und sah eine quirlige, sehr schlanke Frau, mit orangegefärbtem Bobschnitt und warmherzigen, blauen Augen. Ihre weißen Zähne ohne Zahnersatz blitzten hervor.

„Ach wie schön, du bist da!", sagte sie erfreut.

Mit mir füllte sich der Raum um drei weitere Tänzerinnen. Marlies fing an, ihre Euphorie über das Tanzen wie ein Kleinkind, das das erste Mal einen Lutscher geschenkt bekommen hatte, zu teilen.

„In der Schule früher habe ich auch mit den Kindern getanzt. Kennt ihr Line Dance? Ich zeig' euch das kurz", sagte Marlies und steppte los.

Diese energetische Knalltüte bewegte sich so flott, dass ich kaum glauben konnte, dass sie Brustkrebs oder Arthrose hatte. Wir tanzten ihr nach und kamen dabei richtig ins Schwitzen, während sie belustigt ankündigte, dass das Lied gegen Ende schneller würde. Nachdem das Lied vorüber war, nahmen wir eine kleine Trinkpause ein, in welcher wir uns weiter unterhielten.

„Ich habe neben der Schule noch in einem Tanzstudio gearbeitet. Ich liebe das Tanzen. Als ich von meiner Diagnose und dem OP-Termin erfahren habe, da habe ich den Termin direkt verschoben", erzählte Marlies.

„Wieso hast du den Termin verschoben?", fragte eine der anderen Tänzerinnen nach.

„Naja – ich hatte einen Tanzauftritt mit meiner Gruppe. Den wollte ich nicht verpassen. Der Krebs konnte auch eine Woche später raus", posaunte sie lautstark lachend heraus.

Imaginationsreise für dich: Du erhältst eine lebensbedrohliche Diagnose. Die Ärzte empfehlen dir die sofortige operative Entfernung des Tumors. Du lehnst ab, weil du noch tanzen willst. Imaginationsende.

Du denkst doch jetzt auch, dass diese Frau ein wenig verrückt sein musste. Verrückt in jeglicher Hinsicht – sie war so verrückt, dass der Begriff verrückt der natürlich passenden Wortbedeutung entsprach. Ihre Realität verrückte sie. Verrückt war auch die Überleitung für meine nächste Frage, da sie zuvor von Schülerinnen und Schülern gesprochen hatte.

„Sag mal Marlies, bist du noch im Schuldienst tätig?", fragte ich, da ich davon ausging, dass sie maximal Ende 50 sein musste.

Marlies lachte bescheiden und winkte ab: „Nein, schon lange nicht mehr. Ich bin doch schon 76."

Ich könnte wetten, dass man sie zur Pension zwingen musste – sie war Lehrerin von Kopf bis Fuß. Doch ich konnte meinen Augen nicht trauen. Marlies sah nicht aus wie 76. Sie hatte noch so viel Energie und Elan. Nicht nur dass – ihr Auftreten, ihr ganzes Wesen war so peppig und aufgedreht. Sie trug ihre weißen Steppschuhe, mit welchen sie federleicht über das Parkett fegte, war perfekt geschminkt und frisiert und trug obendrein ihr Smartphone mit einer Smartphone-Kette um den Hals. Ich schüttelte den Kopf und hoffte inständig, in ihrem Alter auch so energetisch zu werden.

Jeder sollte ein bisschen wie Marlies sein. Krebs – hm…, passt mir gerade nicht so in den Terminkalender. Lieber tanzen!

„Ich mache einfach das, was mir Spaß macht. Ich liebe das Tanzen, Musik, gute Gesellschaft, …", fuhr sie aus und drückte dann wieder auf den Play-Button, sodass das Lied wieder losging, sie die Aufstellung lehrermäßig einforderte und dann hüpfend mitsang: „Jerusalema ikhaya lami – Ngilondoloze - Uhambe nami […]" Press play, liebe/r Leser/-in und genieß das Leben.

DAS INTUITIVE KIND

Kinder sind die besten Lehrer, auch wenn manche meinen, man müsse Kindern immer alles beibringen und erklären. Oftmals wissen sie intuitiv und ohne genauen Grund, was sie im Moment wollen oder brauchen, wenn ihnen etwas schmerzt oder fehlt. Sie kennen die Lösung, obwohl das Problem unbekannt ist. Sie rufen nach der vertrautesten Person, wenn sie Kummer haben, und weinen sich den Schmerz von der Seele, um dann wieder die Beine in die Hand zu nehmen und über die Wiese zu springen.

Das Kind macht sich keine Gedanken darum, ob es nun weinen soll oder nicht. Es weint. Was macht ein Kind, wenn es Bauchschmerzen hat? Natürlich wird es nach Mama oder Papa rufen. Was macht es aber, bevor Mama oder Papa erscheinen? Es reibt sich automatisch den Bauch. Wenn es Kopfschmerzen hat, wird es ebenfalls den die Stirn lang berühren. Hinter diesem intuitiven Verfahren steckt ein kindliches Ritual zur Selbstheilung, das leider in Vergessenheit geraten ist. Ein einfacher Akt: man reibt sich die Hände und erzeugt Wärme. Anschließend legt man diese auf die Körperstelle, die gerade etwas Geborgenheit und Zuwendung benötigt. Diese Geste verbindet uns mit uns selbst und erdet uns. Wenn wir heute von Selbstliebe sprechen, dann beginnt diese in der Selbstfürsorge, die exakt so beginnen kann. Der Körper spürt die Wärme und nimmt die sanfte Berührung auf. Das ‚Heile, heile Segen‘ dürfte uns auch nicht unbekannt sein. Trostspendende Berührungen führen dazu, dass es einem auf Anhieb besser geht.

Lass uns darüber noch einmal nachdenken. Wir haben zuvor eine Frau kennengelernt, die sich mit einem Problem konfrontiert sah und sich für das Tanzen entschieden hatte. Das war ihre Form der Selbstliebe und es tat ihr gut. Marlies wusste also, was sie brauchte, auch wenn sich das unserem logischen Gedankengut entzieht. Versetzen wir uns mal in die Lage, dass es uns nicht gutgeht. Hast du dich in solchen Momenten einmal selbst umarmt? Deine Hände gewärmt, auf eine betroffene Stelle gelegt und dir innerlich dabei gut zugesprochen? Wie sieht es mit Erwachsenen untereinander aus? Ein ‚Heile, heile Segen‘ habe ich da ewig nicht mehr beobachtet. Wir sollten uns wieder mehr Trost spenden. Manchmal reicht es, wenn wir unsere körperliche Energie nutzen, um anderen beizustehen.

DIE SALZDEALERIN

Obwohl viele Momente, wie die gemeinsamen Treffen zum Frühstück, Mittag- und Abendessen, ritualisiert wurden, schüttelte der ein oder andere der Gesellschaft auch mal eine Geschichte aus dem Ärmel, die irrsinnig lustig für mich war. Komischerweise fiel nur mir das auf. Eine Geschichte muss ich hier erzählen. Ich präsentiere die Geschichte des Salzdealers:

Sigrid kennst du bereits aus meiner Gang. Das war die galante Dame, die sich wünschte, Eltern würden ihren Erziehungsauftrag ernster nehmen und die, die gern um die Häuser gezogen wäre. In der folgenden Situation erzählte Sigrid eine Geschichte, ohne dabei wirklich zu sprechen.

Sie kam und setzte sich an den Essenstisch. Auf ihrem Teller lag eine Scheibe Körnerbrot und zwei kleine Packungen Butter. Während sich alle eifrig unterhielten, zückte Sigrid heimlich vier Tütchen Salz aus ihrer Tasche und schüttelte jedes einzelne Päckchen wie ein Drogendealer, der versuchte, die Grammzahl zu erfühlen. Ich verkniff mir das Lachen, zumal ich ihr kein belächelndes Gefühl vermitteln wollte. Ich war fasziniert davon, wie sie ihr Abendbrot präparierte und beobachtete es minutiös. Nach eifrigem Schütteln und konzentrierter Vorarbeit, öffnete sie das erste Tütchen und schüttete es ganz behutsam auf die Brotscheibe. Dann folgte das zweite Tütchen. Die übrigen Tütchen steckte sie wieder in ihre Tasche. Überaus gut gesalzen, folgte nun eine großzügige Portion Butter, welche sie obendrauf strich. Erst Salz, dann Butter – ja.

Es gibt zwei Sorten von Butterbestreichern auf diesem Planeten: diejenigen, die Butter lebensbedrohlich einstufen und das Brot hauchdünn damit bestreichen, und diejenigen, die Butter für Frischkäse oder Nutella halten und diese am liebsten als zentimeterdicke Schicht auftragen. Ich gehörte zur ersten Sorte – M. zur zweiten, wofür er von mir auch immer wieder getadelt wurde. Sigrid strich die Butter zwar genauso dick wie M., doch gab es dafür ganz andere Gründe.

Nachdem das Brot gesalzen und gebuttert wurde, viertelte sie es noch präzise auf ihrem Teller und beendete damit ihr Werk. Es war vollbracht: Ein Kunstwerk an Abendbrot, das sie aber bewundernswerterweise gar nicht aß. Sie kam, sah und siegte. Sie salzte, butterte und ging und ward vorerst nicht mehr gesehen.

Ich kannte dieses Verhalten aus Hotels, in welchen Touristen morgens ihr Vesper für den Tag mitnahmen. Schön eingewickelt in ein Papiertuch. Machte ich auch gern – schon wieder eine Offenbarung. Sigrids Salzbuttervesper hatte aber nichts mit Proviant für den Tag zu tun.

Mir ging dieses Verhalten nicht mehr aus dem Kopf, und ich versuchte heimlich zu erahnen, weshalb sich Sigrid derartigen Mundvorrat vorbereitete, wenn es doch reichlich zu Abend gab. Ich hatte meine eigene Theorie dazu entwickelt und wollte sie mir am nächsten Tag bestätigen lassen, während ich in meiner Fantasie das Märchen der Salzdealerin entwickelte.

„Also manchmal, da macht ihr Dinge, die ich unfassbar faszinierend finde", leitete ich das Gespräch am Mittagstisch mit Uwe, Christine und Sigrid ein.

„Was denn? Dass wir alten Herrschaften mehr am Handy sind als du?", fragte Uwe, der sich meine Bemerkung zur Handynutzung offensichtlich zu Herzen genommen hatte, denn das Handy war fortan weniger auf dem Tisch. „Das auch, stimmt. Ich will aber eigentlich auf etwas anderes hinaus. Hat denn keiner gestern beobachtet, wie Sigrid hier mit dem Salz dealt?", fragte ich in die Runde.

Sigrids Augen weiteten sich neugierig, während Christine und Uwe noch ahnungslos waren. Ich schilderte also meine Beobachtung humorvoll. „Also vorneweg, das ist jetzt nicht belächelnd gemeint, aber Sigrid, du hast gestern die Salzpäckchen geschüttelt, als wären das gehortete Drogen von dir."

Die Gesellschaft fing laut an zu lachen, Sigrid inklusive. Ich beschrieb den Vorgang des akribischen Brotbeschmierens und das Aufbewahren im Zimmer wie dir eben zuvor. Dann führte ich meine Theorie aus: „Es gibt ja Menschen, die lieben solche Butterbrote. Dennoch bin ich bei dir etwas stutziger geworden. Ich kam lange grübelnd auf eine Theorie und würde gern wissen, ob sie zutrifft: Da du die Nachkriegszeit miterlebt hast, war meine Vermutung, dass das eventuell noch ein Verhaltensmuster von früher ist, als Salz und Butter zu den wenigen Lebensmittel gehörten, die man konsumieren konnte. Auch das Aufbewahren, obwohl du ja bereits gegessen hattest, lässt mich darauf schließen."

Sigrid blinzelte mir lächelnd zu und bestätigte: „Das ist mir gar nicht aufgefallen. Tatsächlich mache ich das jeden Abend, ob ich noch Hunger habe oder nicht."

Diese Beobachtung gab ihr den Anlass dazu, den Essenstisch, um eine weitere Geschichte zu bereichern. „Weißt du, damals gab es ja auch Rumpelkammern oder Kellerabteile, in welchen wir nicht nur Lebensmittel, sondern alles Mögliche an Holzbrettern, Stoffen, Flaschen etc. horteten. Man wusste zwar irgendwann nicht mehr, was und vor allem wo sich alles befand, aber wenn man es brauchte, hätte man es zur Sicherheit gehabt", erzählte Sigrid munter. Ich erinnerte mich kurz daran, dass mich das an mein Verhalten erinnerte, dass ich immer Notfallriegel in meiner Tasche hatte, wenn ich unterwegs war – auch so ein Sicherheitsmechanismus. Viele meiner Notfallriegel kamen gar nicht zum Einsatz und landeten wieder im Vorratsschrank.

„Einmal, da habe ich einen Tontopf in einer alten Rumpelkammer entdeckt – das war ungefähr 15 Jahre nach dem Krieg. So ein großer, brauner, schwerer Tontopf. Ich war so scharf auf diesen Topf! Ich musste den unbedingt haben. Der Tontopf hatte sogar einen Deckel, und ich überlegte schon, was ich darin aufbewahren konnte. Mehl oder Salz zum Beispiel", führte sie weiter aus, und du bemerkst, die Wertigkeit von Salz kommt nicht von ungefähr. Erst Mehl, dann schon Salz. Jedenfalls pointierte sie dann ihre Geschichte: „Der Deckel war so schwer, dass ich ihn kaum anheben konnte. Da ich diesen Topf aber unbedingt wollte, nahm ich all meine Kraft zusammen und öffnete ihn mit viel Mühe."

Sie schuf eine dramatische Pause. Geschichten erzählen konnte sie – man merkte, dass sie einmal Lehrerin gewesen war. Sie hätte aber genauso gut auf Bühnen stehen können und den Zuschauern als Life Coach das Leben erklären können. Mit dem Unterschied, dass sie ausnahmslos einen Erfahrungsschatz und dabei noch Witz hatte. Die kriminelle Ader ignorieren wir kurz. Nach ihrer dramatischen Pause und unseren noch immer gespannten Blicken, kam sie zum Höhepunkt ihrer Geschichte:

„Nun ja … ich öffnete also den Topf und ein bestialischer Gestank kam mir entgegen. Am Rand des Topfs erkannte ich etwas Fettiges. Das muss vermutlich noch fünfzehnjähriger Schmalzrest gewesen sein."

Ich dachte wieder an meine Oma, die uns früher auch gern Schmalzbrot schmierte. Heute klingt das ekelhaft, aber ich weiß noch, dass mir das als Kind schmeckte. Kennst du Schmalzbrot?

Sigrid erzählte weiter: „Womöglich wurde in diesem Topf kiloweise Fett gelagert. Ich konnte aufgrund des Gestanks damit leider nichts mehr anfangen." Ich blickte Sigrid erwartungsvoll entgegen, denn irgendwie fehlte mir noch der Abschluss ihrer Erzählung, welchen sie mir dann lieferte.

„Das Leben ist wie eine Rumpelkammer – mal findet man einen Schatz oder einen Haufen stinkendes Fett."

Ich grinste über beide Ohren. Sigrid erzählte so humorvoll und pointiert, dass ich unsere Gespräche am liebsten aufgezeichnet hätte, denn sie scherzte und erzählte noch viel mehr, als ich hier schreibe.

Liebe/r Leser/in, bei all den Anekdoten, die ich hier teile, muss ich dir sagen, dass Sigrids eigene Wahrnehmung leider nicht unserer entsprach. Wir genossen alles an ihr: was sie sagte, ihre galanten Bewegungen – ja, selbst, dass sie Salztütchen in jeder Tasche mitführte und darüber lachen konnte. Ihre Rumpelkammeranekdote für das eigene Leben – göttlich! Sigrid selbst erzählte uns aber auch, dass sie sich allein und nutzlos fühlte. Es ärgerte mich, dass die aufrichtigsten Menschen, die ich kannte, ein geringes Selbstwertgefühl hatten. Arrogante Arschlöcher von nebenan nicht. Ich wollte sie nicht in diesem Gefühl zurücklassen. Für mich war sie nämlich ein absoluter Schatz in dieser Klinikrumpelkammer.

„Sigrid, du hast einmal gesagt, dass du das Gefühl hast, allein zu sein und niemandem mehr dienen zu können. Ich muss dir aber sagen, dass du uns hier unheimlich dienst. Du bringst uns ständig zum Lachen", sagte ich und blickte in eine zunickende Runde. Sigrids Augen füllten sich etwas.

„Jetzt werde aber nicht emotional, Prima Ballerina!", sagte ich, worauf Sigrid wortlos, aber sehr glücklich den Speisesaal verließ und mit ihren Shiitake-Pilzen, welche Uwe nicht aufessen wollte, zur Hortung in ihre Rumpelkammer ging.

GÖTTINGENS WÄRMSTES HERZ

Im Leben sucht man sich oft Gleichgesinnte, mit welchen man seine wertvolle Lebenszeit verbringen kann. Man trifft bewusst die Entscheidung, mit wem man diese verbringen und mit wem man den Lebensabend später genießen möchte. Manchmal führt das Schicksal aber auch Menschen zusammen, die sich so nie bewusst füreinander entschieden hätten oder sonst begegnet wären. In meinem Fall war es das Aufeinandertreffen von schwerkranken Menschen mit unterschiedlichen Diagnosen, Lebenserwartungen und Altersunterschieden, die mehrere Kriege voneinander trennten. Wie häufig besuchst du deine Großeltern? Wenn sie denn noch leben ... - das Leben ist endlich, wie wir wissen und dennoch leben wir so nebeneinanderher.

„Morgen rufe ich an, morgen besuche ich sie. Ist ja noch Zeit."

Komischerweise lieben wir es als junge Kinder, die Großeltern zu besuchen. Da gab es immer leckeres Essen und nette Geschichtchen. Wenn man Glück hatte, erhielt man noch etwas, entweder Geld oder Schokolade, was man nicht den Eltern erzählen durfte. „Pack das in deine Spardose und sag es nicht deiner Mutter!"

Irgendwann kommt die Zeit, da empfinden wir die Besuche größtenteils als Pflicht und die Häufigkeit nimmt ab. Man bleibt lange Zeit abwesend, sodass die Großeltern anfangen zu klagen, dass man sie Ewigkeiten nicht mehr besucht hätte.

„Ja, ich weiß. Ich sollte mal wieder vorbeischauen – aber ich habe so viel zu tun."

Wir bauen selbstverständlich und mit dem Lauf der Zeit unser eigenes Leben auf, schaffen unseren selbstgewählten Kreis an Gleichgesinnten und legen unsere Zeiten fest, die wir für Aktivitäten, Arbeit, Schlaf etc. benötigen. Unbestritten ist das auch für das eigene Wohl sehr wichtig. Wir gewöhnen uns an, nur noch wenige Menschen in unser bereits strukturiertes Leben zu lassen. Dabei werden wir zu Gewohnheitstieren, die sich vor Neuem gern verschließen.

Nun traf ich in dieser Reha-Klinik nur bedingt auf Gleichgesinnte, schon lange nicht auf Gleichaltrige und schon gar nicht auf Menschen, die in meiner Lebenssituation waren – dachte ich zumindest zu Beginn. Hier trafen Generationen aufeinander, von welchen jeder Mensch profitieren konnte. Die salzstehlende Kriegsveteranin, die hochgebildete Kunstinteressierte, der handwerkliche Beamte mit großem Herz und ich, wie Christine mich umschrieb, die Tiefstaplerin.

Jeden Tag verbrachten wir gemeinsam und kein Tag glich dem anderen, auch wenn wir dieselben Routinen tagtäglich pflegten. Nur heute folgte es keiner Routine, dass wir uns alle im Eingangsbereich der Klinik versammelten, um das größte Herz und den Verantwortlichen für meinen sanftmütigen Aufenthalt zu verabschieden. Uwe verließ die Klinik nach nun vier Wochen Aufenthalt. Er kannte gefühlt jeden Patienten, vergas aber dessen Namen manchmal. Er stand mit gepacktem Koffer in seinem lockerem Adidas-Anzug vor uns. „Mein Nachbar holt mich jetzt ab. Den kenn ich auch schon mein ganzes Leben. Mit dem habe ich auch schon die ein oder andere Feier abgerissen", erzählte er in die Runde.

„Freust du dich auf zu Hause?", fragte Christine mit sanfter Stimme.

„Ja, aber ich verlasse die Klinik mit einem lachenden und einem weinenden Auge", offenbarte Uwe von seinen Emotionen getragen.

„Also ich hatte den Eindruck, dass der Aufenthalt hier mit euch wie ein großes Landschulheim war. Sollen wir zum Abschluss reflektieren, was uns hier am besten gefallen hat?", schlug ich triumphierend vor. Einmal Lehrerin – immer Lehrerin. Leider hielten sie sich nicht an meine Spielregeln, dass man nämlich beim Sprechen im Uhrzeigersinn durchgehen sollte, denn sie fingen einfach durcheinander an, ihre Reflexion ungeniert zu teilen.

„Diese Gemeinschaft, die werde ich auf jeden Fall vermissen", sagte Sigrid, woraufhin Christine zustimmte und jeweils vier Kärtchen aus ihrer Handtasche zog, auf welchen sie ihre Anschrift und Telefonnummer notiert hatte. Die Karten verteilend bat sie uns, unsere Kontaktdaten darauf zu notieren. Jeder hatte eine sehr kursive Handschrift, was die Lesbarkeit erschwerte. Wie war das vor einigen Wochen mit der Handschrift der Schülerinnen und Schüler, die sich keine Mühe mehr gaben? Ganz ehrlich Leute, sie hatten fast alle – außer Sigrid – eine echt unlesbare Schrift. No offence!

Sigrid suchte in ihrer kleinen, schwarzen Handtaschen nach einem Kugelschreiber, fand aber nur – und ich nehme dich nicht auf die Schippe, es war wirklich so! – zwei Päckchen Salz und lachte selbst darüber. Christine grinste immer wieder, wenn ich zu ihr blickte. Manchmal hatte ich den Eindruck, dass wir gar nicht reden brauchten. Es war ein mütterliches Grinsen, das mich einfach bestätigte.

Wir genossen die uns gegebenen letzten Momente miteinander. Ich wusste, dass mit Uwes Abreise ein großer Teil Lebensfreude und wichtiger Teil unserer Gesellschaft aus dieser Klinik gehen würde.

„Ich bin dir sehr dankbar, dass du mich am zweiten Tag angesprochen hast. Ich hoffe sehr, dass du dich zuhause auch ausruhen und nicht zu viel Stress haben wirst", äußerte ich Uwe gegenüber, während alle noch fleißig Kontaktdaten notierten.

Wen man nach diesem Aufenthalt wiedersehen würde, wusste man nicht. Generell wusste man genauso wenig, ob ein Wiedersehen aufgrund der Erkrankung realisierbar sein würde. Sicherlich würden viele mit der Zeit aufgrund der Distanz aus der Erinnerung verschwinden. Mit manchem würde man eventuell noch Nachrichten austauschen, sofern WhatsApp genutzt wurde.

Ich nahm mir vor, mein Buch, das du hier liest, an meine liebgewonnene Gemeinschaft, Uwe, Christine und Sigrid, zu verschicken. Immerhin spielten sie auch eine zentrale Rolle darin. Ganz gleich, wohin die Reise für den Einzelnen führen würde – der gemeinsame Aufenthalt verblieb in unserer Erinnerung und verband uns auf ewig miteinander – wie Schmalzfett im Tontopf.

Als das Schicksal an meine Tür klopfte und mich aufforderte, zu wachsen, entschied ich mich für einen Reha-Aufenthalt in einer onkologisch/psychosomatischen Klinik. Wohlwissend, dass mir Ärzte sowie Bekannte davon abrieten: Ich würde mit zu viel Leid konfrontiert. Ich entschied mich bewusst, diese Reise zu wagen, weil ich spürte, dass ich diese wagen musste.

So führte das Schicksal Menschen zusammen, die sich so nie bewusst füreinander entschieden hätten oder begegnet wären: Uwe wäre ich nie begegnet. Ich hätte ihn auch nicht angesprochen. Ich hätte ihn nicht auf der Straße gefragt, ob er etwas oder jemanden suchte. Ich hätte mit ihm nie gefrühstückt. Wir hätten unser Auftreten nie neckend kommentiert. Ich hätte keine Verbundenheit aufgebaut und diesen herzensguten Menschen nie kennengelernt. Ich bin heute froh, dass Uwe fast so gut wie ein Jugendlicher Instagram und WhatsApp nutzte. Denn nach meinem Aufenthalt beglückte mich Uwe mit häufigen „Guten Morgen"-GIFs über WhatsApp und Sprachnotizen, wenn Uwe nicht auch versuchte, einen Videocall über Instagram zu starten, der leider missglückte. Eines ist sicher: Uwe, ich werde dich in Göttingen wiedersehen und mit dir einen richtigen Kaffee trinken, und keinen aus Getreide.

VON GROSSEN TRÄUMEN

*Träumen ist immerhin auch eine Ausfüllung der Zeit,
die wir auf der Erde verbringen. Traum ist von Tat
nicht so verschieden, wie mancher glaubt. Alles Tun
der Menschen war vorher Traum und wird später zum
Traume. (Theodor Herzl)*

Wir sprachen in der Runde über Träume und ausgeführte Berufe. Dass hier einige Lehrkräfte waren oder immer noch waren, das wussten wir bereits. Von Brigitte, die seit Uwes Abreise vermehrt bei uns saß, wusste ich jedoch noch nicht, was sie früher beruflich gemacht hatte.

„Ich wollte ja immer Steinmetz werden", erzählte sie.

Ein Steinmetz konnte in verschiedenen Tätigkeitsbereichen arbeiten. Generell handelte es sich um einen handwerklichen Beruf, welcher mit einfachem Werkzeug ausgeübt wurde. Von Fräsmaschinen war zunächst nicht die Rede.

„Wieso wolltest du Steinmetz werden?", fragte ich stutzig.

„Die Frage ist eher, ob das jemand zulassen wollte", sagte sie belustigt. „Generell sah man mich eher in der Küche. Ich war ein schlankes, sehr kleines Mädchen – wer hätte mir denn Meißel und Eisen in die Hand gedrückt?"

Brigitte war 1950 auf die Welt gekommen und entwickelte als Kind den Traum, Steinmetz zu werden. Sie wollte diesen unbedingt verwirklichen, durfte es aber nicht.

„Ich besuchte eine Hauptschule und machte dann eine Ausbildung zur Schriftzeichnerin", führte Brigitte fort.

„In welchem Bereich warst du da tätig?", fragte ich weiter.

„Ich gestaltete die Inschriften auf Grabsteinen. Immerhin konnte ich dann doch auch Meißel und Eisen gebrauchen", sagte sie. Brigitte hatte ihren anfänglichen Berufswunsch in abgewandelter Form realisiert.

Im Kindesalter wollte ich immer Superstar werden – ich wollte singen, schauspielern, Späße machen und immer in Gesellschaft sein. Irgendwie habe auch ich das in abgewandelter Form erreicht, auch wenn viele Schülerinnen und Schüler behaupten, ich sei nicht lustig. Die lügen alle!

„Also, ich wollte immer einen NSU-Prinz fahren und einen Engländer heiraten", erzählte Christine.

Natürlich hatte ich mal wieder keine Ahnung, was ein NSU-Prinz war, also recherchierte ich im Internet, was ich dir auch empfehle. Es sieht aus wie ein kleines Matchbox Auto.

Ich stellte mir Christine mit sommerlichem Kopftuch und Sonnenbrille in diesem Kleinstwagen sitzend und aufs Gaspedal tretend vor. Auf dem Beifahrersitz ein kunstinteressierter Engländer, der gerade für die Documenta in Kassel unterwegs war und sich schwer in Christine verliebt hatte. Das hätte ein guter Film werden können.

Bei vielen stellte sich die Frage nach Träumen und Berufswünschen damals gar nicht, denn es war nicht immer die Zeit der freien Entfaltung. Denken wir da zum Beispiel mal an Sigrid, die erzählte, nicht mal den freien Wunsch äußern durfte, neben einem Mädchen mit anderer Konfession zu sitzen oder ein anderes Mittagsgericht zu wählen. Wie hätte sie ihre Träume in einer solchen Realität verfolgen können? Stell dir das mal vor. Heutzutage können wir so vieles selbst entscheiden – natürlich noch nicht weltübergreifend, aber ich spreche nun für mich und meinen kleinen Kosmos, der deinem vielleicht ähnelt. So viele Entscheidungen können und sollen getroffen werden, und dabei sind die Möglichkeiten so vielfältig, was unsere Generation auch so zu belasten scheint. Man kann gefühlt alles werden und genauso gut einfach im Nichtstun verharren. Man zögert, ob das nun die richtige Entscheidung oder die richtige Zeit ist und vieles mehr. Mein Gott, denken wir viel nach!

Brigitte, der kleine Steinmetz, inspirierte mich insofern, dass sie noch die Entscheidung eines Umzugs im hohen Alter traf, um aus der Nähe von Eckernförde nach Hannover zu ziehen. Die Begründung fiel ihr einfach: „Wegen der Arbeit bin ich aus meiner Heimat Kiel nach Eckernförde gezogen. Jetzt nach der Erkrankung ziehe ich nach Hannover. Dort wohnt auch mein Sohn, dann brauche ich ihn nicht jeden Tag anzurufen und bin glücklicher", erzählte sie zuversichtlich.

Wegen der Arbeit … Was machten wir alles nur der Arbeit wegen? Brigitte zog also erst später wieder dorthin, wo sie glücklich war. Was machten wir? Was machen wir, besonders dann, wenn das Leben uns zeigt, dass die Zeit nicht für immer für uns weiterlaufen wird. Wann fangen wir dann an, dorthin zu ziehen, wo unser Glück liegt?

GELBE WEGWEISER

Allmählich gewöhnte ich mich an die Situation. Immer zur gleichen Uhrzeit essen, jede Woche einen neuen Therapieplan und die freie Zeit im besten Fall mit Zusatzangeboten füllen. Was ist aber, wenn man diese ausgeschöpft hatte? Wenn es keine Aktivitäten mehr am Wochenende gab? Keine Sehenswürdigkeit? Keinen Plan? Wenn man einfach nichts zu tun hatte?

Besonders an Wochenenden verbrachte ich viel Zeit allein: die Gemeinschaft wohnte nicht weit von der Klinik entfernt und bekam häufiger Besuch oder verließ die Klinik. Da ich keinen Besuch empfing, weil ich nicht wollte, dass Freunde 300 km herfuhren, blieb mir nur die Zeit mit mir selbst. In der Anfangszeit gelang mir das gut, da ich mir alle Sehenswürdigkeiten, die Kassel zu bieten hatte, ansah und mich körperlich so verausgabte, dass ich danach zufrieden ins Bett fallen konnte.

Nachdem du weißt, dass ich eine zufriedene Toleranzgrenze nicht halten kann und immer wieder nach selbst erreichten Glücksmomenten strebe, ist es offensichtlich, dass die Zeit mit mir allein hier eine Herausforderung war. Ich nahm mir also am Wochenende vor, die Zeit einmal bewusst zu genießen. Ich machte mir keinen Plan, sondern wandelte mit der Bewegung des Stundenzeigers in den Morgen. Ich machte keine Meditation oder Frühsport, sondern lag länger im Bett, frühstückte länger im Speisesaal und trank danach noch genüsslich einen Kaffee.

Was nach urlaubsähnlichem Luxus klang, war bei mir eher ein Aushalten der Zeit. Es gelang mir bis zum Mittagessen, was ich dann als Höhepunkt und Erlösung wahrnahm, denn da war ich wieder von anderen Menschen umgeben, mit welchen ich mich unterhalten konnte. Die Mittagszeit wurde also auch überbrückt – puh!

„Sie machen sich selbst zu sehr abhängig von anderen", ertönte die Stimme meiner Psychotherapeutin in meinem Kopf.

Einige Sätze aus den Therapiesitzungen kamen und gingen immer wieder. Ich wäre abhängig, klang für mich wie eine Sucht, doch nach und nach klärte sich auch dieses Bild, das ich zunächst nicht annehmen wollte. Wovon war ich denn abhängig?

Nachdem ich die Mittagszeit mit weiterem Kaffee und Internetsurfen förmlich totgeschlagen hatte, ließ mich ein Impuls ins Handeln kommen. Ich zog mir meine bequemen Sneaker an, einen komfortablen Hoodie, packte meine Tasche mit dem Nötigsten und zog meine Weste an. Ein kleiner Spaziergang wird doch in Ordnung sein, dachte ich.

„Nehmen Sie sich die Zeit, einfach mal nur zu sein und in sich hineinzuhorchen. Was brauchen Sie im Moment?", fragte die innere Stimme im Auftrag. Zeit genommen hatte ich mir meiner Ansicht nach genug.

Ich brauchte Bewegung, so schien es mir zumindest. Also lief ich los und richtete meine Aufmerksamkeit auf meine Umgebung. Ich erblickte eine sehenswerte Kirche, fotografierte sie und schlenderte weiter und weiter, an unbekannten Orten entlang. Vielleicht merkst du schon, dass auch hier wieder das Phänomen seeking of happiness aufpoppt. Es ist nicht verwerflich, bitte nicht falsch verstehen, wenn man draußen schöne Dinge entdecken möchte. Allerdings war das in meinem Fall etwas anders zu betrachten, was du erkennen wirst.

Ich lief so lang ziellos fotografierend umher, bis ich plötzlich Bauchkrämpfe bekam und die nächstbeste Toilette aufsuchen musste. Reizdarm Attacke! Unglücklicherweise war das stille Örtchen am Bahnhof, was ich dir nicht empfehlen kann. In einer dunklen Ecke des Bahnhofsgebäudes, das eher einer großen Baustelle ähnelte, befanden sich die Toiletten für Frauen und Männer, die so nah aneinander lagen, dass man einen Blick in die gegenüberliegende Toilette werfen konnte, wenn man das wollte. Von der Geräuschkulisse spreche ich lieber nicht. Während ich dann in dieser unangenehmen Situation war, erinnerte ich mich daran, in mich hineinzuhorchen.

„Was brauchen Sie wirklich?", fragte die innere Stimme. Und ja, ich führte diese Selbstgespräche.

In dieser Selbstreflexion fragte ich mich allerdings permanent, was ich denn jetzt s c h o n w i e d e r hatte. Weder hatte ich etwas Schlechtes gegessen noch bereitete mir irgendetwas Angst. Komischerweise verängstigte mich das Alleinsein in einer fremden Stadt nicht. Ich hatte also wie so oft keine rationale Erklärung.

Als ich dann mein schmerzvolles Geschäft erledigt hatte und den Bahnhofsvorplatz erreichte, realisierte ich, dass es schon dunkel war. Ein Blick auf die Uhr verriet mir, dass ich mehrere Stunden spaziert war und genug Schritte für den darauffolgenden Tag gesammelt hatte. Die Erschöpfung überwältigte mich, als ich feststellte, dass ich noch mehrere Kilometer von der Klinik entfernt war. Ich lief also wieder zurück und bemerkte, dass ich bis zum Abendessen nicht zurück sein und somit mit leerem Magen verbleiben würde.

Ich blickte umher und sah einen asiatischen Imbiss, welcher Sushi anbot. Obwohl ich normalerweise Sushi liebte, überkam mich eine Appetitlosigkeit, die mich minutenlang davon abhielt, hineinzugehen. Ich stand einfach regungslos und erschöpft da. M. rief mich in diesem Moment an und ich erzählte ihm von meinem Dilemma, das Abendessen wohl zu verpassen und nicht zu wissen, ob ich mir etwas beim Asiaten holen sollte.

„Ja, gönn dir doch etwas Sushi. Ist doch lecker!", sagte M. am Telefon.

Mir etwas zu gönnen, hätte bedeuten können, dass ich mich in den Imbiss setzte und bedienen ließ. Ich hätte meine Bankkarte zücken und bargeldlos bezahlen können. Ich hätte die Zeit mit mir genießen können. Statt dieser Idee, die absolut gerechtfertigt gewesen wäre, verfolgte ich die Ambition, schnell zu bestellen und mit meinem Gericht to go das Lokal zu verlassen. Ich war einfach erschöpft und leer, und das nicht nur körperlich.

Keine zwei Schritte aus der Tür, wanderte mein Blick auf den Boden: zwei große, gelbe Fußabdrücke schmückten den Asphalt. Ich hielt inne und lauschte nicht mehr der therapeutischen Stimme, sondern meiner eigenen:

Das sind jetzt deine Fußabdrücke.

Die musst du jetzt gehen.

Keiner hat dich gefragt, ob du sie gehen möchtest.

Ich erkannte in diesen Fußabdrücken symbolisch meine eigenen, sodass mir Tränen haltlos über die Wangen flossen. Für einen kurzen Augenblick war ich das erste Mal bewusst ganz bei mir und stand weinend vor gelben Fußabdrücken, die lediglich wegweisend und werbend zu einem Schuhladen führten. Ich erkannte in ihnen allerdings eine Symbolik, die mich emotional abholte.

Ich hatte den ganzen Tag tunlichst versucht, mich nicht mit mir oder meinen Gedanken auseinandersetzen zu müssen, sodass ich mich bei meinem kleinen Spaziergang selbst auf den Arm genommen hatte und dabei körperliche Bedürfnisse ignoriert hatte, bis es nicht mehr ging. Ich lief und lenkte mich den ganzen Tag ab – kein Wunder, dass das Nervensystem mich mit meinem Reizdarm zwang, herunterzufahren.

Der Tränenfluss ließ sich nicht stoppen. Ich wollte nie weinen – wenn überhaupt, dann nur vor Freude, wobei ich auch hier versuchte, das häufig zu unterdrücken.

Ich setzte meinen Gang über die Fußabdrücke hinweg und ging den Weg weiter. Ich hatte den Eindruck, dass der Prozess des Anerkennens soeben anfing. Ich hatte eingesehen, dass mein Weg nun in eine neue Richtung gehen musste. Dass das Leben nach einem Hirntumor ein anderes war, auch wenn man offensichtlich außer der Narbe nichts anderes wahrnehmen konnte. Ich sagte mir selbst, dass das fortan nun so war und ich es nicht mehr überspielen brauchte. Für kein System. Ich hatte meine Positionierung hier gefunden. Ich setzte mich nicht mit anderen auseinander oder versuchte mich wieder gedanklich in andere Schicksale hineinzuprojizieren. Ich war ich – in diesem Moment. Ohne Fassade und mit tränenübergossenem Gesicht – mitten in der Stadt.

Auf dem Rückweg trocknete ich meine Tränen nach und nach, wobei die tiefe Verbundenheit zu mir selbst blieb. Ich betrat die Klinik erschöpft, mit Sushi im Gepäck und der Gewissheit, dass gelbe Fußabdrücke zu meinem Wegweiser wurden

MENSCHENSPIEGEL

Die letzte Woche brach an und ich machte kleine Fortschritte in meinem eigenen Heilungsprozess. Auch wenn man das nicht optisch erkennen konnte, spürte ich, dass mein Körper fitter wurde, und auch mein mentales Gerüst schien sich etwas zu stabilisieren. Auch wenn das folgende Erlebnis oberflächlich vorerst nicht danach aussah …

In einer weiteren Therapiegruppe, die Aufmerksamkeit und Ressourcen stärken sollte, lernte ich neu angereiste Patienten kennen. Wie bei allen anderen auch, sah man den Menschen die Erkrankung nicht an. Ebenso wenig wusste man, wie viel Zeit seit einer gewissen Diagnose oder Operation vergangen sein musste. Man wusste nicht einmal, ob dieser Mensch eine gute oder schlechte Prognose erfahren hatte. Vor dem Betreten des Raumes fiel mir ein Mann auf, der reuend auf seine Sportlichkeit zurückblickte. „Früher bin ich einen Marathon gelaufen, und jetzt? Jetzt ermüde ich bereits, wenn ich verschiedene Räume im Gebäude suche."

Da ich mal wieder mehr im Außen als Innen lebte, hatte der Mann meine Aufmerksamkeit ohne große Bemühungen gewonnen. „Nach und nach wird das wieder. Mit der Zeit wird es besser", versuchte ich ihn aufzumuntern.

Der Mann entgegnete ungeniert und zu meiner Irritation: „Glaube ich nicht. Ich fühle mich auf einen Schlag so alt […]", klagte der Mann.

„Ich kann Ihnen sagen, dass ich dieses Gefühl auch hatte, und ich bin viel jünger als Sie", sagte ich, ohne groß nachzudenken. Gigantischer Fehler, sage ich dir, und zwar in vielerlei Hinsicht:

1.   Ich hätte mich auf mich selbst konzentrieren sollen, anstatt einen kläglichen Motivationsversuch zu starten, ohne den Mann zu kennen.

2.   War der Vergleich keinesfalls angebracht – jeder Mensch darf fühlen, wie er möchte, und wir sind nicht dafür da, Gefühle zu vergleichen. Stichwort: Projektion.

3.   Schon wieder verfiel ich einem alten Muster, von einem fremden Menschen durch mein Bestreben, ihn zu motivieren, Anerkennung zu erhalten.

Ich bemühte mich also um einen fremden Mann, indem ich ihn versuchte, an einem mir unbekannten Abholpunkt zu motivieren. Seine ungenierte Reaktion verhalf mir zu der später eintretenden Erkenntnis.„Wann ist man denn alt?", fragte er mich und blickte mir skeptisch entgegen, woraufhin ich mich entschuldigte, und ihm Recht zusprach, dass man das gar nicht sagen konnte.Im weiteren Verlauf der Therapiegruppe lernten wir einander etwas besser kennen, wobei er sich mit seiner Diagnose bedeckt hielt. Manche erzählten davon – ich zum Beispiel ging damit offen um, denn verdrängen bekam mir bekanntlich nicht gut. Der schlagartig gealterte Mann erzählte, dass er Langstreckenläufer gewesen war und aus der Arbeit viel Kraft geschöpft hätte. Nun wäre weder das eine noch das andere möglich für ihn, was ihn sehr belastete. Ich hatte mir vorgenommen, keinen weiteren Motivationsversuch zu starten, doch konnte ich mich nicht zurückhalten, meine Erfahrungen zu teilen. Wenn andere behaupten, sie hätten kein Mitteilungsbedürfnis an die Welt, dann habe ich nicht nur das Bedürfnis, sondern den starken Drang dazu und ein Megafon in der Hand.„Ich versuche, mich nicht mehr danach zu richten, wie ich vor der OP war. Mein letzter Orientierungspunkt ist der postoperative Zustand: ich konnte mich nach dem Eingriff kaum bewegen. Ich hatte Durst und konnte meinen Schnabelbecher nicht einmal halten. Ich konnte weder richtig essen noch trinken. Drei Tage lag ich in meiner OP-Robe und mit Blasenkatheter im Bett. Am vierten Tag ging ich das erste Mal in Begleitung auf die Toilette. Am fünften Tag lief ich mit einem Rollator den Flur entlang", erzählte ich, „letzten Endes kam ich vom Schnabelbecher halten irgendwann zu 10 km Spaziergang. Das ist meine Perspektive. Es muss jetzt weiter besser werden."

Ich gab dem Mann keinen Tipp damit und motivierte ihn auch nicht. Ich schilderte aber meine Wahrnehmung und wie ich es handhaben wollte. Ich bemerkte, dass der Mann mir gespannt zuhörte. Was er daraus im Endeffekt machte, lag in seiner Verantwortung. Jedenfalls bemerkte ich – endlich profitierte ich von anderen, ohne angestrengt Energie reinzugeben –, ich lernte nämlich etwas Wichtiges über mich.

Der Mann spiegelte mein Gedankengut kurz nach der OP wider. Jeder noch so kleine Erfolg, welchen M. mir in dieser Zeit immer wieder vor Augen führen wollte, hatte ich permanent abgelehnt. Wie der Mann auch meine aufmunternden Worte zuvor. Ich weinte, dass ich keine Kraft hatte. Ich verglich mich mit einer alten Frau am Rollator. Ich ärgerte mich über meine Schnappatmung beim Spazieren. So vieles kommentierte ich negativ und vergaß gänzlich, dass vor wenigen Wochen meine Schädeldecke geöffnet und mein Gehirn ordentlich gestört wurde. Erst zwei Monate nach meiner OP wurde mir bewusst, welche Fortschritte ich gemacht hatte und wie wichtig es war, die eigenen Gedanken positiv auszurichten. Der Mann als Menschenspiegel half mir, dies zu erkennen, während ich erkannte, dass er noch nicht so weit war.Das ist unsere Zeit zum Nachdenken: wir sind alle an so vielen unterschiedlichen Punkten im Leben, haben alle unsere eigene Wahrheit, empfinden alle auf unterschiedliche Art und Weise. Wir müssen nicht jeden zur selben Zeit an dieselbe Stelle bringen. Prozesse und Entwicklungen brauchen Zeit – wie der Mann seine Zeit brauchte, wie ich meine Zeit brauchte, wie du deine Zeit brauchst.

ERKENNEN STATT AUSBLENDEN

Die Lehrsituationen sollten nicht weniger für mich werden, denn dieses Mal übernahm meine Voreingenommenheit, welche die Realität danach zurückschlug: Therapiegruppe „Mentales Training". Dieses Mal schwänzte ich nicht. Ich betrat den Raum mit drei weiteren Patienten, die offensichtlich viel älter waren und auch im Bereich des Gehens oder Hörens eingeschränkt waren. Was machte ich hier? Ich ging davon aus, dass ich hier unterfordert werden würde und das womöglich nicht die passende Therapieform für mich wäre. Pustekuchen, ich lag meilenweit daneben.

Ich erinnere mich im Nachgang nicht mehr an die Namen der teilnehmenden Patienten. Ich weiß nur noch, dass eine Dame aus Hamburg kam. Hamburg fand ich schön und behielt ich im Gedächtnis. Eine ältere Dame kam mithilfe eines Rollators und hörte sehr schlecht, weil sie das Gesagte wiederholend erfragen musste. Der einzige Mann im Raum trug ein Hörgerät und war am Vortag erst angereist. Die aus Hamburg stammende Frau kannte ich zwar vom Sehen, doch hatte nie einen Bezug zu ihr aufgebaut. Die Gruppe war mir also sehr fremd. Die Leitende des mentalen Trainings begrüßte uns und erklärte, dass das Gehirn heute spielerisch trainiert werden sollte. Ähnlich wie beim Tai-Chi sinnierte ich über einen möglichen Ausstieg der Gruppe, doch überlegte zu lang. Noch intensiver wurde der Gedanke zu gehen, als das erste Spiel Kopfrechnen lautete. Die Leiterin zeigte auf den hörgeschädigten Mann und bat ihn, eine beliebige Zahl zwischen 0 und 20 zu nennen.

„17", sagte der Mann mit aufrechter Brust, der sich später als ehemaliger Mathematiklehrer entlarvte. Schon wieder ein Lehrer. Mittlerweile litt ich an Verfolgungswahn.

„Wunderbar. Nun addiert die Dame neben Ihnen um 17 und so geht es reihum. Immer plus 17", erklärte die Leiterin.

Meine Laune sank in das Untergeschoss. Ich hasste Mathe einfach abgrundtief. Ich war noch nie besonders gut in Mathe. Ich war eine absolute Nullnummer darin und dankte dem lieben Mathegott für den Taschenrechner und funktionsreiche Excel-Tabellen, ohne welche mein Arbeitsalltag und Notengebung nicht möglich wäre.

17, dachte ich. Auch noch eine ungerade Zahl. So etwas Sadistisches konnte auch nur ein Mathelehrer sagen. Wäre er noch weiter gegangen, wäre ihm vielleicht noch das charmante Pi rausgerutscht. Neben ihm saß die ältere Dame im Rollator.

„Was haben Sie gesagt? Welche Zahl? 36? 37? Ich höre so schlecht", entschuldigte sie immer wieder nachfragend.

Ich dachte nicht mit und addierte nicht das Ergebnis, das sie brauchte. Das stresste mich zu sehr und ich war nicht an der Reihe. Ich wartete also auf die Zahl, die mir genannt wurde, ohne sie zu prüfen, und addierte 17. Ich wollte nicht so viel rechnen.

Nun hätte ich dir gern gesagt, dass die Antwort aus der Pistole geschossen kam, aber ich brauchte im Verhältnis zu den anderen am längsten. Wir spielten mehrere Runden, in welchen ich mich sogar zweimal verrechnete. Ich fühlte mich also wie im Tai-Chi im Personal Trainee. Als das Spiel beendet wurde, atmete ich erleichtert auf. Hätte ich fluchen dürften, dann hätte ich das getan. Scheiß Kopfrechnen! Contenance!

Das nächste Spiel entsprach mir schon eher.

„Nun sagen Sie einen Vornamen und der Nächste nennt bitte einen weiteren Vornamen, der mit dem letzten Buchstaben des zuvor genannten Vornamens beginnt", erläuterte sie.

Stell dir vor, du spielst dieses Spiel mit Menschen einer anderen Generation. Es wurden Namen genannt, die mir absolut unbekannt waren. Ich zweifelte auch teilweise an deren Existenz. Namen, die ich nannte, wurden ebenso kritisch beäugt.

„Den Namen gibt es doch nicht! Noa ohne h, existiert doch überhaupt nicht!", tadelte mich die Hamburgerin schroff.

„Doch, eine Schülerin von mir heißt so", sagte ich verteidigend, auch wenn sie mir noch immer nicht glaubte.

Annelise, Enno, Olaf, Ferdinand, Dittmar, Reinhold, Diethard, Degenhard, Doran, Elmar, Rüdiger etc. Ich sag mal so – meine zukünftigen Kinder würde ich später nicht so nennen. Wobei meine Kinder auch nicht nach irgendwelchen Trendnamen benannt werden sollen. Bleiben wir beim mentalen Training.

Die übrigen unbekannten Namen blieben auch weiterhin für mich unbekannt, da ich sie mir nicht merken konnte. Das Spiel führten wir länger fort, und ich entwickelte sogar Spaß dabei. Kreativ sein – konnte ich. Im Namen einprägen war ich gut gewesen. Die Tai-Chi-Stimmung wurde langsam besser, bis das dritte Spiel angesagt wurde und das Fass zum Überlaufen brachte:

„Nun trainieren wir unsere Feinmotorik", kündigte die Leiterin an, „hierfür nehmen wir die linke und die rechte Hand. Der Daumen berührt nacheinander alle Finger – beginnend am Zeigefinger. Beide Hände parallel."

Ich folgte der Anweisung und blickte auf meine Hände. Ich bemerkte, dass ich meine Daumen sehr langsam bewegte. Jeder Impuls, den ich steuern wollte, wurde verlangsamt übermittelt. Ich strengte mich an und bemerkte, dass mich das schon deutlich forderte.

„Nun wollen wir das Ganze etwas schwieriger machen. Nun berührt der rechte Daumen den rechten Zeigefinger und dann nacheinander die anderen Finger, wohingegen der linke Daumen am kleinen Finger beginnt und weitergeht. Das Ganze gleichzeitig", demonstrierte die Leiterin.

Während die anderen Patienten lustige Minen verzogen und agile Fertigkeiten in ihren Fingern besaßen, dauerte es bei mir keine Minute, da schossen mir die Tränen in die Augen. Ich drehte mich zur Seite, sodass mich keiner sah. Es überforderte mich so dermaßen, dass ich das Defizit erkennen musste. Ich war die Jüngste im Raum und meine Feinmotorik war am schwächsten ausgeprägt.

Wer wollte nochmal am Anfang gehen, weil sie dachte, sie würde hier unterfordert? Ich wusste, dass solche Übungen generell kompliziert waren, fühlte mich davon dennoch überwältigt.

Ich bat, den Raum verlassen zu dürfen und wischte mir draußen die Tränen aus dem Gesicht. Ich sammelte mich für einen kurzen Augenblick und ging dann erneut in den Raum. Wir beendeten das mentale Training mit einem letzten Spiel, das Tabu ähnelte. Gedanklich nahm ich davon wenig auf, da ich für mich schon überreizt war. Ich wusste, dass mein linker Arm und meine linke Hand seit dem Eingriff schwächer waren. Ich hatte offensichtlich ein Defizit, das hatte ich nun deutlich gespürt.

Dass ich weinen musste, akzeptierte ich. Dass ich im Vorfeld voreilig meinte, das Training nicht zu benötigen, empfand ich als schwach. Ich erkannte an, dass ich das nicht ausblenden durfte. Ich wollte alles wieder erlangen: meine Kraft, meine Konzentration, feinmotorische Fertigkeiten, … einfach alles, was im Möglichen lag. Ich wollte lernen, und ich tat es auch täglich. Statt nun wieder dem Drang nach Schokolade oder Pizza zu verfallen, ging ich bewusst mit der Sicherheit, die Emotion wieder loslassen zu können, zur Yogastunde.

DER COMEDY CANCER CLUB

Meine Damen und Herren, herzlich Willkommen in einer bisher noch nie gehörten Reihe, welche definitiv Podcast-Potenzial hat. Sie werden mir nicht glauben, dass sich diese Szene wirklich so zugetragen hat – doch hier kommt sie nun: die erste und zugleich leider schon letzte Folge des CCC – Comedy Cancer Club. Let's go.

Hinter mir lag ein intensiver Tag mit vielen Terminen und noch intensiveren Gesprächen. Der letzte Termin auf dem Therapieplan lag in einem Zeitfenster, in welchem ich auch gern einfach auf einer Couch gelümmelt hätte oder in die Sauna gegangen wäre. Das Wetter war noch immer ausladend. „Nasskalt heute" – du verstehst schon. Jedenfalls fand der letzte Termin um 16:30 Uhr statt. Ich bewegte mich zwischen „ich schwänze eventuell" und „eigentlich ist das aber der letzte Termin" – also ging ich hin.

Mit mir im Raum war meine Vertraute Christine und einige neue Gesichter, die zunächst eher grimmig erschienen. Die ursprüngliche Bezeichnung des Gruppenrahmens lautete „Onkologische Gruppe", was aber nach der Sitzung unmöglich dazu passte. Weshalb? Wirst du gleich selbst erkennen.

Ich war in den vergangenen Wochen bereits einmal Teil einer onkologischen Gruppensitzung gewesen. Hier unterhielt man sich überwiegend über Krebserkrankungen. Je nach Gruppe variierte die Tiefe und auch das Ziel der Sitzung. Ich ging in der heutigen Gesprächsrunde davon aus, dass ich weniger für mich mitnehmen würde und beabsichtigte sogar, im Hintergrund zu bleiben, niemanden zu motivieren und Beobachterin zu spielen.

„Sie dürfen gern ein Thema einbringen, über das Sie heute gern sprechen möchten", leitete die Therapeutin an. Es dauerte wenige Sekunde, bis eine Frau das Wort erhob.

„Ja, also mir wurde meine Gebärmutter entfernt, und mich stört, dass jetzt jeder am besten weiß, was ich brauche und was mir guttut. Ich habe meinem Chef gehörig die Meinung gegeigt, da er meinte, entscheiden zu können, wie viel ich noch arbeiten kann", erzählte eine Frau, die, man mag es wirklich kaum mehr glauben, ebenfalls Lehrerin war. Denk dran, ich war umzingelt von Lehrkräften – „was geht los da rein?"

Ich beobachtete die Frau und mutmaßte, welche Fächer sie wohl unterrichtete. Sie wirkte kreativ, redete viel und laut, was sehr viele Lehrkräfte taten, und kommentierte auch explosiv die Geschichten der anderen Teilnehmer des CCC, indem sie häufig „Ach du Scheiße" oder „oh je, schlimm" vermutlich nur denken wollte, es aber dennoch durch ihr Stimmrohr tröten ließ. Ich tippte auf Kunst und Musik. Kein Lehrer-Shaming, aber die Fächer passten zu ihrer Art.

Die nächste Dame, die ihre Gedanken ungeniert in den Raum warf, wählte ein ganz eigenes Intro:

„Ich bin 70 und ich habe Pankreaskrebs, also so ein 50/50-Ding, aber nun gut, ich bin da einfach durchmarschiert, ich meine, mein Gott, was soll man denn sonst machen? Ich habe immer alles allein wuppen wollen, doch nach der Diagnose habe ich Hilfe zugelassen, und da entsteht ja eine Synergie! Meine Nachbarschaft hat mir so geholfen. Ganz großartig!" Wir sprachen hier also von einer schwergradigen Bedrohung, aber hey, mein Gott, was sollte man machen? Die Dame hatte Marlies Vibes.

Wir sinnierten etwas weiter in der Runde und stellten fest, dass das Umfeld meistens mehr litt als der Betroffene selbst, weil die meisten sich hilflos vorkamen.

„Ja, die wissen ja eigentlich gar nicht, was man braucht", sagte die dritte Dame im Bunde, die an Darmkrebs erkrankt war. „Ich bin auf jeden Fall froh, dass ich das tragen muss und nicht meine Kinder oder mein Mann. Das wäre für mich schlimmer."

„Für einen Menschen, der eventuell noch jung ist und Kinder hat, ist so eine Erkrankung wesentlich schlimmer. Ich bin schon alt, und mein Gott, ich habe mein Leben gelebt", warf die ältere Dame ein.

In der Tat traf es jüngere Patienten offensichtlich schwerer. Das Wort ergriff die Nächste im Bunde, welche auch Ü70 sein musste, und schilderte ihre Perspektive humorvoll: „Nach meiner Diagnose habe ich einfach gedacht, dass ich jetzt noch alles machen möchte, was ich bisher nicht geschafft habe. Also habe ich mir, obwohl ich das ja nicht besonders gut für die Umwelt finde, eine Schifffahrt auf der Donau gebucht." Ob sie den Beisatz „für die Umwelt" aus Scham aller verantwortungsbewusst wirkenden Lehrkräfte wählte? Ich weiß es nicht. Jedenfalls fand ich es sensationell, dass sie tätig wurde.

Sie lachte und strahlte in ihrer gelben Weste, als wäre sie fit und gesundheitlich vollkommen uneingeschränkt. Neben ihr saß die an Darmkrebs Erkrankte, die nun ebenfalls wortgewandt und humorvoll einstieg. Ich beobachtete ein Ping-Pong an Optimismus und Witz, welchen sich die beiden Damen zu unserer Belustigung hin und her warfen. Dies lud eine weitere, dieses Mal jüngere Frau aus der Runde dazu ein, ihren Witz mit der Gruppe zu teilen:

„Ich finde, die Erkrankung bringt ja nicht nur schlechte Momente. Nach meiner Chemotherapie hatte ich üblicherweise einen Kahlkopf. Den hatte mein Freund aber auch, ganz ohne Chemo. Wir fotografierten uns und sendeten unseren Familien zu Ostern ‚nette Grüße von den Eierköpfen‘." Zu gern hätte ich dir das Bild gezeigt. Kennst du das? Du lachst, weil es zu lustig ist, aber eigentlich darf man nicht lachen. Man soll aber lachen, gerade weil es nicht lustig ist. Das macht es einfacher.

Die Gruppe brach in Gelächter aus. Selbst die Therapeutin versteckte ihr Gesicht in ihren Händen. Mir liefen die Tränen endlich mal vor Freude über die Wangen. Es zerriss mich förmlich, wie trocken und sarkastisch sie den Satz aussprach. Gleichzeitig zeugte das von einer unheimlichen Stärke, mit Humor und Selbstironie durch diese belastende Zeit zu gehen. Wenn ich bedenke, dass meine Einbahnstraße auf dem Kopf und das Einschussloch an Haarausfall mich emotional beschäftigt hatte … dann war das im Vergleich lächerlich.

Die explosive Lehrerin, die zu Beginn gesprochen hatte, schien ebenfalls angeregt zu sein und bereitete sich händereibend darauf vor, zwei unfassbare Geschichten mit der unbekannten, doch immer vertrauter werdenden Gruppe zu teilen. Halt dich fest!

„Es ging ja alles Schlag auf Schlag, das war ja bei uns allen so, nicht wahr? Urplötzliche, irrsinnige Diagnose und wenige Tage später eine große Operation. Ich meine, wenn man sich das mal überlegt … mir wurde ein Organ weggenommen. Das war für mich befremdlich; es gehörte ja mir. Also habe ich dem Arzt im Vorfeld gesagt, dass ich ein Stück davon haben möchte", erzählte sie trocken und blickte in verwunderte Gesichter.

„Ein Stück davon? Moment … deine Gebärmutter? Was hast du damit vorgehabt?", fragte Christine verwundert.

„Erstens gehört es ja mir – also wollte ich es haben", begann sie und pausierte einen Augenblick. Da ich wusste, dass Lehrer „Erstens" sicher nicht ohne ihr „Zweites" erklären würden, freute ich mich schon auf die Ergänzung. „Zweitens wollte ich es vergraben und darüber ein schönes Pflänzchen säen. So bleibt ein Teil meiner Gebärmutter in meinem Garten", ergänzte die Lehrerin.

„Das hat ja was Archäologisches", fügte die Donauüberfahrerin hinzu.

„Und ist ein schönes Pflänzchen gewachsen?", fragte Christine.

Was denkst du? Hat der Arzt zugestimmt? Falls du jetzt denkst, das ist ein seltsames Vorhaben, dann warte, bis du weiterliest.

„Nein, es ist noch keine Pflanze gewachsen, weil ich sie noch nicht vergraben habe", erklärte die Lehrerin.

Wait a minute. Ein Teil der operierten Gebärmutter ist noch nicht vergraben …

Offensichtlich lag die Frage im Raum, wo sich das Restorgan befand. Diese stellte man ihr auch, woraufhin die mittlerweile von mir abgestempelte Kunstlehrerin locker entgegnete: „Sie liegt noch im Gefrierbeutel im Gefrierfach."

Ja, ich weiß, hier ist ein schmaler Grat an Ekel und Verwunderung – das darf auch sein. Ich kann dir nicht erklären, wieso es bei uns eher zu Unterhaltung führte. Schieben wir es mal auf unsere Diagnosen. Immerhin waren wir alle behindert.

„Da stellt man sich dann vor, dass zwischen Hähnchenschenkeln und Pommes, auch ein Stück Gebärmutter liegt", scherzte die Donaufahrerin in die Runde. Es tut mir leid, falls dir schlecht werden sollte, lies dennoch weiter.

Die Kunstlehrerin hatte noch eine zweite Anekdote auf Lager, mit welcher niemand gerechnet hatte:

„Das Absurdeste an diesem ganzen Krebstamtam war aber die Bestrahlung, die ich erhielt. Dafür wurde mein Intimbereich präzisionsgerecht vermessen, sodass mir eine Röhre angefertigt werden konnte. Eine richtige Scheiden-Maß-Anfertigung."

„Das hatte ich auch! Dabei war das Ding nicht von besonders guter Qualität", warf die Donauüberfahrerin mit ein. Spätestens jetzt war mir auch ihre Diagnose bekannt.

Während wir noch an die Gebärmutter im Gefrierfach dachten, schuf die Kunstlehrerin das dritte absurde Bild für unseren Verstand, welches man so schnell nicht mehr vergessen konnte. Nun halt dich fest.

„Nach der Bestrahlung ging ich erneut zum Gynäkologen, und über den habe ich auch schon mehrfach abgelästert, weil der so unsachlich war. Er fragte mich, ob ich einen Scheidendehner nutzen wollte", sprudelte es schamlos aus ihr heraus.

Erneutes Lachen in der Runde. Es gab allseits bekannte Therapieformen, die man in seinem Leben einmal gehört hatte, doch der Scheidendehner zählte zu einer Seltenheit. Falls es dich interessiert, hier zur Aufklärung: das besagte Objekt soll genutzt werden, damit das innere Narbengewebe nicht verklebt.

„Ich hatte das auch", ergänzte die Donauüberfahrerin, „ganz ehrlich – ein guter Dildo hätte es auch getan!"

Bitte stell dir vor, wie mehrere ältere Frauen in der Runde Begriffe wie Dildo und Scheidendehner durch weitere Kommentare ergänzen, während ich mich fragte, ob man mir diese Gespräche jemals glauben würde. Ob jung oder alt – eins war klar: Wenn Frau etwas nutzte, dann aber bitte von guter Qualität!

An Irrsinn und Humor kaum zu übertreffen, ergriff ich mit feuchten Augen und breitem Grinsen das Wort: „Also eigentlich wollte ich in dieser Runde nichts sagen, aber ich kann mich kaum zurückhalten. Wisst ihr, ich schreibe ein Buch, und ich weiß nicht, ob man mir jemals glauben wird, dass hier schwerkranke Menschen sitzen und über sich selbst und miteinander lachen. Von Eierköpfen, eingefrorener Gebärmutter bis hin zu Scheidendehner und Dildo. Wie soll ich dieses Kapitel bloß nennen?"

Gebärmutterkrebs, Darmkrebs, Hirntumor, Pankreaskrebs […] – das wären jetzt nicht meine Wunschgäste für einen netten Abend, doch hier in dieser onkologischen Gruppe bespaßten sich alle gegenseitig, sodass ein Therapieziel nicht von Nöten war. Die Quintessenz des Ganzen war unverkennbar der humoristische Umgang mit dem eigenen Schicksalsschlag. Es war klar, dass ich mich am selben Abend an den Schreibtisch setzen musste, um diesem neu gegründeten Club einen würdigen Namen in diesem Kapitel zu schenken: Hiermit war er geboren: Der Comedy Cancer Club. Danke!

DAS UNACHTSAME FRAGEKARUSSELL

In meinem früheren Alltag hatte ich die Fähigkeit, mich immer wieder mit mir selbst zu verbinden und nach meinen eigenen Bedürfnissen zu forschen, verloren. Ich ließ mich viel zu sehr von äußeren Einflüssen ablenken oder lenkte meine Aufmerksamkeit bewusst nicht nach innen, denn wer weiß, welche unangenehme Erkenntnis oder Begegnung ich dort erfahren würde. Im Laufe des Klinikaufenthalts und vieler Gespräche, sei es mit Patienten oder Therapeuten, wurde die eigene Entfernung zu mir selbst immer deutlicher. Immer wieder nahm ich dich dabei mit und ließ dich in verschiedene Gespräche mit eintauchen, sodass auch du dir Gedanken machen konntest. Vielleicht möchtest du dich auch mehr mit dir und deinen Bedürfnissen verbinden? Aus diesem Grund erzähle ich dir in diesem Kapitel von einer weiteren Erkenntnis und gebe dir anschließend zwei Übungen an die Hand, die sich zum Beispiel während Spaziergängen bei mir bewährt haben.

Es geht um Achtsamkeit. Es geht besonders darum, im Hier und Jetzt zu sein, in sich hineinzuhorchen, neugierig und nicht wertend zu sein, und sich dabei zu entspannen. Das Stichwort ist wertfrei sein! Nichts davon konnte ich zu Beginn meiner Achtsamkeitsbegegnungen. Besonders der wertfreie Umgang mit mir selbst und Entspannung im weltlichen Geschehen – fehlgeschlagen.

Ich war schon immer sehr feinfühlig für meine Umgebung, was per se in unserer Gesellschaft auch als positive Eigenschaft geschätzt wurde: ein empathischer Mensch also. Nicht zu verwechseln mit Projektion! Dazu neigte ich bekanntlich auch. Empathie, sofern man sie für sich selbst empfinden konnte, war von großem Nutzen. Das heißt, wie gehst du mit dir selbst um, wenn du nicht so funktionierst, wie du es eigentlich von dir gewohnt bist?

Wir nehmen mein Beispiel: ich bekomme eine Reizdarmattacke out of nowhere. Mein Gedankengang dazu: Was habe ich denn jetzt schon wieder? Wieso habe ich Bauchweh? Was soll das jetzt? Wieso habe ich immer Angst? Wieso s c h o n   w i e d e r ? Du erinnerst dich.

Das Ganze in extenso ausgedehnt mit einem beschuldigenden Unterton – schon wieder und immer! Wir würden anderen Menschen, sofern wir keine groben, unsozialen Umgangstrolle waren, niemals so anmaßend gegenübertreten. Ich würde einem Schüler, der ständig Bauchweh hat, niemals sagen, wieso er denn schon wieder vor Schmerzen weint. Ein Kind, das ständig fällt, würde ich ebenso wenig maßregeln und tadeln, dass es langsam mal anfangen sollte, weniger zu stürzen.

Wieso also gingen wir mit uns so harsch um? Wieso waren wir nicht unser bester Freund oder unsere beste Freundin? Wieso gaben wir anderen die feinfühligsten Ratschläge und für uns hatten wir nur Klageworte übrig? Manchmal kam es mir so vor, als würde sich in meinem Kopf ein Gericht erheben, dass mich als Angeklagte beschuldigte, mehrfach gegen natürliche Gesetze widerstoßen zu haben und endlich darauf wartete, mich verurteilen zu können. Es bedurfte allerdings gar keiner Gerichtsverhandlung, da es keine Verteidigung gab und das Urteil innerhalb der ersten Sekunden gefällt wurde: ich war schuldig! Ich war selbst schuld daran, dass es mir schlechtging, dass ich mich vor Krämpfen auf dem Boden wälzte. Ich war einfach schuld an allem. Ich musste der Sache nicht auf den Grund gehen – so zumindest mein inneres, unbewusstes Verhalten.

Ganz schön unfair, diese eigene innere Welt, die wir selbst erschaffen. Besonders wichtig empfand ich auch den Hinweis meiner Therapeutin, dass das Erkennen eines solchen Verhaltens, also die eigene Verurteilung innerer Empfindungen, schon der erste Schritt zur Verbesserung war. Denn auch hier erinnere ich mich gern daran, dass ich mich in vielen Situationen im Nachgang, auch hier im Buch genannt, gedanklich selbst verurteilt hatte:

Wieso war ich in der Gruppe ‚Mentale Fitness‘ so voreingenommen? Wieso hatte ich versucht, den älteren Mann, der einst Langstreckenläufer war, zu motivieren? Wieso ließ ich mich von dem Lehrer energetisch so aussaugen? Zu jeder Situation stellte ich mir Fragen, in welchen ich mein Handel skeptisch verurteilte.

Es ist ein Fragekarussell, das man selbst erschafft und auf welchem man fahrend nur Schwindel empfinden kann. Es hört nie auf, sich zu drehen – außer man ändert etwas am Aufbau. Dieses Fragekarussell kann sich also ändern, indem du deine Einstellung änderst. Man muss sich zwar die Illusion nehmen, ausschließlich positiv und empathisch mit sich immer und zu jeder Zeit umzugehen, doch lässt sich das Fragekarussell mithilfe einer Veränderung in der Wahrnehmung wesentlich reduzieren.
Ich habe zwei Übungen für dich, die ich als sehr gewinnbringend empfand:

1.   Achtsamer und empathischer Umgang mit sich selbst beginnt dann, wenn wir Stille zulassen. Ja, ich weiß, das ist schwierig, aber so wichtig. Das bedeutet, dass wir uns nicht immer mit irgendwelchen Medien zudröhnen sollten. Ein Spaziergang kann auch mal ohne Musik oder Podcast erlebt werden. Du erinnerst dich sicher noch daran, was mir bei meiner Begegnung mit den gelben Fußabdrücken widerfahren ist. Wer weiß, ob dieses Erkennen mit lauter Musik auf den Ohren stattgefunden hätte. Du kannst also deine Bedürfnisse nur erkennen, wenn du genau hinhörst.

2.   Nutze drei Sinne für mehr Entspannung, Aufmerksamkeit und innere Einkehr. Der Mensch besitzt, wie du weißt, fünf Sinne. Während dieser Übung brauchen wir aber nur drei: Sehen, Hören und Riechen. Angenommen, du bist angespannt oder eine plötzliche Angst keimt in dir auf. Damit das klagende Fragekarussell nicht in Gang gesetzt wird, lohnt es sich, sofort mit der Übung zu beginnen:

Lenke deine Aufmerksamkeit auf drei Dinge, die du im Moment sehen kannst. Bitte nicht nacheinander abarbeiten, sondern Zeit lassen und empfinden. Danach richtest du deine Aufmerksamkeit auf drei Dinge, die du hören kannst. Wenn du irgendwo draußen bist, wirst du sicherlich überrascht sein, welche Geräuschkulisse sich eventuell im Hintergrund verbirgt. Wenn du zuhause bist, wirst du ebenso in der Stille Geräusche wahrnehmen können, und wenn es eigene, körperliche Geräusche sind – auch das ist eine achtsame Wahrnehmung. Zuletzt gilt, wie du dir denken kannst, die Aufmerksamkeit auf drei Dinge zu richten, die du riechen kannst. Ähnlich wie beim Hören wirst du merken, dass du dich hier eventuell anstrengen musst. Vielleicht riechst du nichts. Vielleicht suchst du aber auch nach einem Geruch, weil du die Übung machen möchtest. Ganz gleich, was du tust, du wirst merken, dass deine Aufmerksamkeit nicht beim Starten eines Fragekarussells liegt, sondern beim Aufbau einer entspannten und aufmerksamen Haltung. Die Wahrnehmung nach außen hilft dir, deine Verbindung nach innen aufzubauen und höchstwahrscheinlich eher zu spüren, was du wirklich im Moment brauchst. Ich weiß, dass viele Aufmerksamkeitsübungen oder Ähnliches als unwirksam verurteilen – ähnlich wie sie mit sich selbst umgehen – unaufmerksam verurteilend. Man muss kein Hirnforscher sein, um zu verstehen, dass Gedanken neuronale Verbindungen sind, die sich immer wieder neu verknüpfen. Die einen verbinden sich nur flüchtig, andere verankern sich so sehr, dass sie sich kaum lösen lassen. Sie bilden so eine starke Verbindung, dass wir sie kaum voneinander lösen können – denn wir geben immer wieder die passenden Signale dazu. Natürlich erlernen und festigen wir neuronalen Verbindungen auch unbewusst – einige davon können wir gar nicht reflektieren, weil es diese schon immer so gab. Der Mensch und das System, in dem er lebt, liebt und pflegt das Gewohnte. Unser Gehirn und unser Geist verkümmern, wenn wir das Gewohnte immer und immer beibehalten. Vieles, was wir also jahrzehntelang verinnerlichen, muss nicht zwangsläufig gehalten werden. Daher halte ich dich mit diesem Kapitel dazu an, die Übungen auszuprobieren, etwas Neues zu lernen und deine neuronale Welt weiterzuentwickeln.

‚Bleib so, wie du bist' – Diesen Wunsch mochte ich noch nie. Bleib bitte nicht so, wie du bist!

WENN ES NICHT FUNKTIONIERT

Bei all dem, was wir in Begegnungen, Gesprächen oder Eigenrecherche lernen, gibt es doch keinen Garant dafür, dass es immer funktioniert. Übung macht bekanntlich den Meister. Wir können uns aber aneignen, mit uns selbst positiv umzugehen – auch bei Fehlern. Wir können lernen, wie wir uns in Angstsituation mithilfe von Strategien beruhigen. Wir können versuchen, das Steuer über unsere Gefühle wieder achtsam zu übernehmen. Was es ist und immer bleiben wird: Eine tägliche Aufgabe, der wir uns selbst stellen müssen. Im Bewusstsein, dass es auch Tage geben wird, an welchen wir der Aufgabe vielleicht nicht gewachsen sind. Wichtig ist dann aber, dass man sich im Nachgang nicht verurteilt, denn es ist völlig normal, dass es immer ein Auf und Ab bleiben wird. Auch der gesündeste und unbekümmertste Mensch auf Erden wird Tage haben, an welchen er eventuell aus seiner Routine bricht. Das, was wir uns zur Gemeinsamkeit machen sollten, ist die stetige Wiederaufnahme einer Situation mit wohlwollendem Eigenumgang. Lass dir also nicht einreden, dass Health Coaches, Life Coaches und alle Coaches der Welt immer und immer gut drauf und gesund sind – ihre Einstellung wird es aber sein.

Es war das letzte Wochenende vor meiner eigenen Abreise. Ungeplant startete ich in das Wochenende, zumal ich wusste, dass Pläne schmieden, aktuell nicht die beste Option für mich war. Ich entschied also nach Gefühl und Intuition. Ich genoss mein Frühstück und schlenderte aus dem Speisesaal in mein Zimmer, schrieb ein Kapitel für mein Buch, legte Wäsche zusammen und entschloss spontan, ein Workout zu machen. Bislang eine harmonische Symbiose mit mir und meinen Bedürfnissen. Es klang alles nach einem gelungenen Start in den Tag. Sehnlichst wartete ich aber auf die ersten Sonnenstrahlen, die sich hier in Kassel wirklich äußerst schüchtern verhielten. Als der Moment nach dem Mittagessen gekommen war, zog ich wieder voller Elan meine Jacke an, bereitete mir zwei kleine Trinkflaschen vor und ging noch einmal auf die Toilette. „Ich gehe noch mal sicherheitshalber" war der letzte Akt, bevor ich meinen Safe Space verließ.

Ich bin mir sicher, dass viele Menschen, die unter Reizdarm/Reizmagen/Reizblase leiden, diese Situation kennen. Die Absicherung, die leider keine Absicherung ist, sondern dein Nervensystem bereits vorbereitet, in den Alarmmodus zu gehen. Ich verließ die Klinik mit einem Gefühl des Nichtbereitseins. Ich wollte aber los, so dachte ich zumindest.

Wäre jetzt ein Moment gewesen, in sich hineinzuhorchen? Die triebhafte Ungeduld in mir und der vermeintliche Wunsch, einfach loszuziehen, waren größer, als das Gelernte jetzt anzuwenden. Ich überlegte mir also rasch, was ich machen konnte. Vielleicht ein wenig spazieren und dann ein Stück Kuchen im Café genießen? Ich hatte seit drei Wochen kein leckeres Süßstückchen mehr gegessen. Das Café war auch nicht weit entfernt, also lief ich los. Ich bemerkte schon, dass sich eine gewisse Anspannung in mir anbahnte, von der ich aber nicht wusste, woher sie kam. Fragekarussell aktiviert. Ich begann, mich zu fragen: „Ist es das Wetter? Ist es der Kopf? Was ist es denn?"

Ich erinnerte mich an meine Übungen aus den letzten Kapiteln, rieb mir also die Hände und legte sie auf meinen Bauch, blieb aber keineswegs stehen. Stehen bleiben, Zeit und Trost schenken – nö! Ich erweiterte mein Repertoire mit den drei Dingen, die ich sehen, hören und riechen konnte – alles aber im zügigen Weitergehen. Ich gab mir gar keine Zeit zum Atmen ... wie sollte da eine Achtsamkeitsübung funktionieren? Ich hatte bereits unbewusst das Gericht samt Kläger mental eingeladen, als ich den ersten Schritt aus der Klinik gemacht hatte.

„Ich wollte doch nur ein Stück Kuchen im Café essen!"

Mir war bewusst, dass ich die Übungen nicht mit der Ruhe ausführte, die sie benötigten. Ich wusste es sehr wohl, nahm es aber nicht wahr. Keine Zeit, keine Geduld. Zudem hatte ich das Fragekarussell bereits so sehr in Gang gesetzt, und wenn es sich mehrmals drehte, dann wurde es immer schneller.

Plötzlich stand ich vor dem Café und hatte die Lust verloren, es zu betreten. Mit all den Gedanken in meinem Kopf, war es ein Kampf, überhaupt dort anzukommen. Nachdem ich also enttäuscht von mir selbst war, alle Achtsamkeit missachtet zu haben, ging ich sogar noch einen Schritt weiter. Ich hatte den Eindruck, ein Stück Kuchen jetzt nicht verdient zu haben. Es ist erstaunlich, wie offensichtlich manche Verhaltensmuster werden, wenn man sie erkennt. Ich hatte also das Gefühl, noch etwas für den Kuchen „leisten" zu müssen. Du erinnerst dich, das Gespräch über Schufterei für Anerkennung. Ganz tiefsitzendes Muster in mir.

Liebe/r Leser/in, hier wäre der richtige Zeitpunkt gewesen, innezuhalten, wirklich achtsame Übungen durchzuführen und zu erkennen, dass ich mir trotzdem das Stück Kuchen als Belohnung gönnen durfte oder aber auch, dass ich die Klinik eigentlich nicht verlassen wollte, denn ich wollte mich mal wieder ablenken. Sieh selbst, wie sich meine Selbstsabotage manifestierte:

Da ich den Kuchen nicht verdient hatte, beschloss ich, in die Stadt zu gehen. Eventuell in ein Museum und im Anschluss in ein Café. Wenn ich das jetzt so lese, muss ich wirklich lachen. Später hatte ich den Kaffee also verdient… wie absurd!

Obwohl ich wusste, dass in der Stadt Demonstrationen stattfanden, der öffentliche Verkehr erschwert sein würde und ich sicherlich nicht die Aufmerksamkeit hatte, einen Museumsgang wahrzunehmen, entschied ich mich - richtig - genau dafür. Ich wusste, dass das ein Programm werden würde, was ich tunlichst vermeiden würde, wenn ich nicht diesen Leistungsdrang in mir gespürt hätte. Jetzt musst du dir was verdienen! Ich hörte meinen inneren Antreiber: Streng dich an!

Die erste S-Bahn ließ ich vorbeifahren und stand einfach unschlüssig, nach wie vor noch immer mit Bauchschmerzen, die ich immer wieder zu ignorieren versuchte, an der Haltestelle. Abgestellt und nicht abgeholt.

„Was will mein Körper jetzt nicht? Muss ich mich überwinden? Was ist es, was mich stresst?" Ich stellte mir Fragen über Fragen.

Die Verbindung zu meinem Inneren hatte ich schon längst verloren. Auch hier wäre ein geeigneter Moment gewesen, freundlich zu sich selbst zu sein und zu sagen, dass es heute mal nicht funktioniert, ich zurück in die Klinik gehen und ein liebevolles, entspannteres Programm für mich wählen sollte. Es wäre absolut in Ordnung gewesen und noch immer kein Verlust oder eine Fehlleistung. Stattdessen führte mich der innere Antreiber weiter an. Ich stieg mit Krämpfen in die zweite S-Bahn und öffnete parallel die Verkehrsnetzapp, um die Haltestellen im Vorfeld zu sehen. Nur zur Sicherheit … Kontrolle, Kontrolle.

„Achtung, Achtung! Aufgrund von Demonstrationen fährt die Bahn heute nicht über die Königsstraße, sondern über eine Umleitung. Ich wiederhole […]", ertönte es über den Lautsprecher.

Die Anspannung stieg nun auf ein Maximum an. Ich begann zu schwitzen, merkte, wie Panik in mir aufstieg. Ich blickte umher und erkannte die Umgebung nicht, da ich in diesen Ecken zuvor nicht gewesen war. Fremde Umgebung in der fremden Stadt. Ich suchte verzweifelt aus den Stadtbahnfenstern blickend Restaurants oder Cafés in der Umgebung, welche ich ansteuern konnte, da mein Bauch das Fragekarussell in Richtung Darm transportiert hatte und mit Druck nach draußen befördern wollte. Weit und breit sah ich nichts. Vor Panik konnte ich kaum sehen. Die Hitze staute sich innerhalb des Rollkragens meines Pullis, sodass ich kurz davor war, eine Panikattacke zu erleiden. Vermutlich war es schon eine, aber ich wollte nicht in der S-Bahn hyperventilieren – also stieg ich aus, um der Panik unbeobachtet zu erliegen. Ich stieg aus, lockerte meinen Rollkragen, rang nach Luft. Ich schnappte mir eine meiner vorbereiteten Trinkflaschen und trank das Wasser in einem Zug. Ich atmete weiter tief ein und aus. Zwei zitternde Beine hielten meinen vollkommen entkräfteten Körper, der in einer fremden Umgebung stand. Die Panik konnte ich allmählich lösen, denn ich nahm mir die nötige Zeit und den Atem. Doch – eine Sache war noch immer auf Alarmstufe Rot gestellt: mein verdautes Fragekarussell, was sofort rausmusste.

Mein hilfloser Blick suchte nach der erstbesten Gelegenheit, unbemerkt eine Toilette aufzusuchen. Dabei spielte die Lokalität nun keine Rolle mehr. Ich wäre überall auf die Toilette gegangen, sogar auf die Männertoilette am Bahnhof.

Meine Erlösung lautete „Pizzeria Avanti" und das „Avanti" nahm ich wörtlich. Ich betrat das Restaurant, wünschte niemanden ein freundliches Buongiorno und ging eilig zu den Toiletten, die im Untergeschoss zu finden waren. Jede Stufe, die ich nach unten ging, erleichterte mich nicht, sondern fütterte fleißig mein Gefühl der Enttäuschung.

„Schau dich an – jetzt musst du hier irgendwo auf die Toilette. Mein Gott – einfach peinlich!"

Wenn ich das beim Schreiben so wiedererlebe, dann hätte ich mir selbst so gern als gute Freundin zur Seite gestanden und mich aufgebaut. Das ist unsere Aufgabe im Umgang mit uns: in der Situation einfühlsam sein. Es hilft.

Für einen kurzen Moment spürte ich etwas Entkrampfung, denn der Druck war nun raus. Das Fragekarussell verdaut und ausgeschieden. Mit gesenktem Blick verließ ich das Restaurant, wohlwissend, dass das ganz schön undankbar und unfreundlich wirkte. An der frischen Luft normalisierte sich dann auch final mein Atem und ich erinnerte mich glücklicherweise daran, netter mit mir umzugehen.

„Das war jetzt blöd – aber ich bin jetzt wenigstens in der Stadt. Worauf habe ich denn jetzt wirklich Lust?"

Ich öffnete Google Maps und sah, dass der Obelisk, von dem Christine erzählt hatte, ganz in der Nähe stand, und schlenderte darauf zu. Den hatte ich bei meiner Irrfahrt mit dem E-Roller nicht gefunden. Ich erfreute mich an dessen Anblick und sprach mir selbst gut zu und dass ich ihn nur aufgrund dieses Horrortrips entdeckt hätte.

Ich schlenderte weiter und wurde von einem nächsten Bedürfnis übermannt: ich musste schnellstmöglich etwas essen, da ich merkte, wie mein Kreislauf absackte. Auch das dürfte ein bekanntes Reizdarm-Phänomen für viele sein. Ich ging also zu Rossmann und kaufte mir einen Proteinriegel. Diesem Bedürfnis ging ich kritiklos nach… komisch, denn für den Hunger verurteilte ich mich nicht.

Daneben befand sich ein H&M, in welchen ich abschließend noch ging, um mir einen kuscheligen Sweater zu holen. Wahrscheinlich auch ein Akt der Befriedigung, denn nötig hatte ich ihn jetzt nicht zwingend. Immerhin griff ich zu einem farbenfrohen Hoodie in schönem Grün. Der Blick auf meine Apple Watch und die sinkende Kraft deuteten mir an, dass es für heute genug war. Ich suchte die nächste Haltestelle auf und steuerte den Rückweg an.

Nach so einem Erlebnis konnte man natürlich enttäuscht zurückkehren und sich millionenfach Fragen stellen. Im Nachgang wurde mir aber klar, was ich falsch gemacht hatte und in welchen Moment ich wirklich inne hätte halten müssen, wie ich dir zwischen den Zeilen bereits sagen konnte.

Jeder Mensch hat in seinen eigenen Kämpfen Ressourcen, aber auch jede Menge alter Strukturen und Verhaltensmuster, die aktiviert werden können. Je lauter wir eine Stimme werden lassen, desto schwieriger wird es, gegen sie anzuhalten. Diese Stimme lösen sich nicht von einem auf den anderen Tag, aber sie können leiser werden. Dafür wollen wir aber auch besser mit uns umgehen, denn wir können nichts dafür, dass sich manches so gefestigt hat und Zeit braucht. Ich hatte zwar etwas falsch gemacht, aber auch etwas richtig gemacht. Im Nachgang hatte ich sogar noch mehr über mich gelernt.

Nimm dich selbst in den Arm und sei gut zu dir, wenn du mit dir mal zu harsch umgehst. Sei jeden Tag nett zu dir, du hast es nämlich verdient. Sollte es dir an einem Tag nicht gelingen, dann erinnere dich daran: wenn dein Fragekarussell losgeht, lade die Verteidigung zuerst ein und höre sie an, bevor die Klageschrift verlesen werden kann. Wer weiß, vielleicht lässt du deinen inneren Kläger dann gar nicht mehr zu Wort kommen oder benötigst gar keinen Gerichtshof mehr.

DICKER, FETTER BUDDHA

Das Ende meines Aufenthalts stand vor der Tür. Die Koffer waren Tage vor der Abreise fertiggepackt, das Zimmer wirkte unbewohnt – bis auf mein Kissen und ein Foto von M. und mir, verknüpfte ich bereits nichts mehr mit diesem Zimmer. Ich war bereit, meinen Aufenthalt zu beenden. Dachte ich zumindest. Ich dachte so vieles in all den Momenten. Ich dachte immer, ich sei ein Bauchmensch. Tatsächlich bin ich der größte Kopfmensch auf zwei Beinen, der seinen Bauch gerade erst kennenlernt. Im Grunde begann die innere Arbeit erst, und ich verließ die Klinik nun, wo es so richtig in die Tiefe gehen sollte. Schade, dass ich das natürlich erst im Nachgang verstand.

Die letzten therapeutischen Gespräche öffneten mir dermaßen die Augen, dass endlich auch ein paar Tränen in der Anwesenheit meiner Therapeutin verdrückte, ohne dass ich mich wegdrehte oder den Raum verließ.

„Jetzt haben Sie es doch geschafft, dass ich hier weine", sagte ich mit aller Fassung, die ich noch behalten konnte.

Man hatte es also geschafft, mir Tränen zu entlocken, was ich offensichtlich als Schwäche darstellte.

„Betrachten Sie es doch einmal als Erfolg. Sie haben den Raum nun genutzt, um Gefühle zuzulassen und zu spüren", entgegnete mir die Therapeutin. Wohl wahr – wenige Momente des Weinens prägten meinen Aufenthalt, doch wenn, waren es einschneidende Momente wie die gelben Fußabdrücke, das mentale Training und das Abschlussgespräch.

Meine Therapeutin, die ich am liebsten namentlich erwähnen würde, war nicht nur Kunsttherapeutin, sondern eine Koryphäe auf ihrem Gebiet. In all den Gesprächen traf sie mich immer wieder mitten im Kern, welchen ich mit voller Anspannung versuchte zu verstecken. Nehmen wir die Metapher des inneren Kindes, so hielt ich mein inneres Kind an den Schultern fest und zwang es, aufrecht zu stehen und unter keinen Umständen einzuknicken. Wie eine kleine Soldatin, die niemals nachgibt und immer strammsteht.

Sei ehrlich, was für ein grauenhafter Umgang einer Lehrerin mit sich selbst! Auch ohne Metapher war es nichts anderes als das, was ich permanent mit meinen Gefühlen gemacht hatte. Glaubenssätze wie „Sei stark" und „Streng dich an" waren nur ein Teil meiner inneren Antreiber, die ein Megafon in mir besaßen. Was mir fehlte, war eine wirkliche Selbstfürsorge, Achtsamkeit mir selbst gegenüber, das Schützen eigener Grenzen und das Wahrnehmen der eigenen, wirklichen Bedürfnisse. Ich hatte es endlich begriffen.

Tatsächlich waren es genau die Punkte, die nun in der Klinik transparenter wurden, welche ich bereits in meinem Buch „Liebes Tagebuch", wenige Tage nach meiner Operation, beleuchtet hatte. Darin reflektierte ich mich selbst und interpretierte das ein oder andere in meinem Leben. Ich hatte in vielen Punkten den Nagel auf dem Kopf getroffen. Den Nagel ordentlich reingehämmert, das hatte allerdings die Therapeutin. Die fehlende Selbstfürsorge hatte ich zwar erwähnt, doch dass diese der Kern und Ursprung für meine anhaltende Symptomatik und Blockaden war, überraschte mich.

„Du genießt den Moment und das Leben nicht richtig.“
„Du bist nicht mit dir verbunden.“
„Du kennst deine eigenen Bedürfnisse nicht mehr.“
„Deine größte Stärke und Schwäche zugleich ist dein Kopf.“
„Du hältst die Fassade und verschließt dich damit.“

Sätze, die man einfach so lesen und ablehnen kann. Warum? Weil sie so unangenehm sind. Niemand möchte hören, dass er Momente oder gar das Leben nicht genießt oder nicht glücklich sein kann. So viel wie ich lachen und erzählen konnte, war es doch unmöglich, dass ich nicht richtig genoss?

Und doch … so war es.
Ich nahm alles an, was man mit mir therapeutisch erarbeitete. Ich war bereiter als noch vor einigen Jahren, als ich schon auf der Suche nach Antworten war, aber nie das zu hören bekam, was ich hören wollte. Wenn es mir nicht passte, dann lehnte ich es ab. Ganz easy. Die Auseinandersetzung mit mir selbst war leider nicht so bequem wie ein flauschiges Kissen. Die Auseinandersetzung piekte und stach zu, als würde man mit der bloßen Hand durch einen Dornenbusch greifen, um endlich die schöne Rose zu ergattern. Ich hatte den Bezug zu der schönen Rose verloren. Den Bezug zu meiner inneren Schatztruhe, zu meinem inneren Kind oder auch, um meine Therapeutin zu zitieren, „meinem dicken, fetten, glücklichen, goldenen Buddha.“
Ich hatte verdammt Lust, diesen fetten, glücklichen Buddha kennenzulernen!

DER GOLDENE LÖFFEL

Abreisetag. Ich verspürte einen Tontopf an fetten Emotionen, welcher sich in jeder Faser meines Körpers bemerkbar machte. Ich freute mich auf zuhause, auch wenn ich wusste, dass dort vorerst niemand wartete, war aber gleichermaßen traurig, die letzten Mitglieder meiner Gesellschaft, die nur noch aus Christine und Sigrid bestand, zurückzulassen. Christine verließ am selben Tag und noch vor mir die Klinik. Demnach blieb unsere Salzdealerin allein zurück, was uns sehr schmerzte. Keiner von uns mochte die Einsamkeit und das Zurückgelassensein.

Ich wusste, dass ich zuhause zunächst auf mich allein gestellt sein würde und weder therapeutische noch sportliche Betreuung, wie ich sie in der Klinik hatte, erfahren würde. Obwohl mir angeraten wurde, länger zu bleiben, entschied ich selbstsicher, den goldenen Palast und die onkologische Villa zu verlassen. Denn mein Leben fand an einem anderen Ort statt. Meine Einstellung und Konstitution zwangen mich dazu, nun selbst wieder das Ruder zu übernehmen, obwohl ich rückblickend sagen kann, dass mir weitere Tage sicherlich nicht geschadet hätten. Ich war gerade dabei, das Ankommen zuzulassen, und packte bereits wieder die Koffer. Immer angetrieben von denselben Antreibern – du verstehst mich, oder?

Ich hatte zwei Stunden, die ich in der goldrot gezierten Eingangshalle verbringen musste, weil ich das Zimmer bereits früh räumen musste. Christine verabschiedete sich von mir. Ein letzter Augenblick also, um sie ein wenig zu necken. „Sei jetzt aber nicht emotional, Christel!", zog ich sie liebevoll auf. Natürlich versuchte ich den Abschied humorvoll zu gestalten, denn mit ihrer Abreise verabschiedete ich mich von einer Frau, die ich sehr in mein Herz für außerordentliche Intellektuelle und Gutaussende geschlossen hatte.

„Du bist schwer toll", sagte sie und verabschiedete sich, mir den Rücken kehrend, sodass ich keine Träne sehen konnte.
Ich konnte spüren, dass sie weinte, ohne es gesehen zu haben. Liebe Christine, auch ich habe ein paar Tränen kullern lasse.
„Du bist nicht besser als dein Sohn", rief ich ihr hinterher, von dem sie behauptete, er hätte Schwierigkeiten Nettigkeiten auszudrücken.
Schwer toll, come on Christine.

Wobei, liebe/r Leser/in, ich dir sagen muss, dass Christine via WhatsApp im Nachgang immer wieder unfassbar herzerwärmende Worte für mich fand. Es sei dir, liebe Christine, also verziehen. Eigentlich muss ich dich sogar loben, denn ich konnte während unseres Abschieds noch weniger Gefühle zeigen oder verbalisieren. Danke Christine für alles! Für all das Wissen, was ich mir nie alles hätte merken können. Für jeden schönen Anblick deines Antlitzes und für das absurde Wort 'bedungen'. Wie Uwe werde ich dich wiedersehen wollen – auf ein Stück Käsekuchen aus dem Automaten oder beim All you can eat für 19€ im goldenen Käfig. Ich freue mich! Sigrid, unsere Salzdealerin, die sich im Laufe des Klinikaufenthals als wahrliches Erfindertalent erwiesen hatte, die während des Scrabblens Begriffe wie Kuuunüsse oder das allbekannte Röhrental legte, verabschiedete mich ebenso. Sie blieb noch eine Woche ohne uns, was ihr sichtlich zu schaffen machte. Sie gab mir noch ein Abschiedsgeschenk mit auf den Weg, das ich im Zug öffnen sollte. Weder Christine, Sigrid noch Uwe gab ich ein Abschiedsgeschenk. Ich versprach aber allen, dass sie Teil meiner Geschichte werden und diese von mir in gedruckter Fassung erhalten würden. Dass mich alle drei nachhaltig verändert hatten, würden sie spätestens hier lesen.

Im Zug auf dem Weg nach Hause öffnete ich Sigrids Geschenk, das liebevoll in einer Brottüte aus Plastik verpackt worden war. Sigrid, was ist mit der Nachhaltigkeit? Ich wette, du hättest genau jetzt einen passenden Spruch dazu, nachdem du über meine neckische Art gelacht hättest. Jedenfalls öffnete ich eine Karte, an welcher ein kleiner, goldener Löffel angebracht war, und las die liebevollen Worte, natürlich in Schönschrift, die sie mir widmete: „Liebe Cristina, wie schön war's, mit dir Moro-Suppe zu essen – ach – und wie viel schöner noch, dich zu sehen und zu hören, ein wenig Zeit zu verbringen – mit dir! Viele, viele gute Wünsche gebe ich dir mit fürs Heimkommen, fürs zuhause sein, für dein Sein, für all deine Tage, die da kommen und gehen. Alles Gute und Liebe für dich. Von Sigrid"

Sigrid… wie viel Schönes symbolisierte deine Karte, und der Löffel? Nicht nur für mich, sondern für uns alle im Umgang miteinander. Die einfachen Dinge schätzte Sigrid: das gemeinsame Löffeln der Suppe, das Sehen und Hören voneinander, die gemeinsame Zeit und unser Sein. Tage, die wir gemeinsam verbrachten und ziehen lassen konnten. So wertvoll! Der goldene Löffel stand für mich nicht nur für die Suppe, sondern dafür, dass wir beide, egal was noch kommen mochte, nicht freiwillig den Löffel abgeben würden. Liebe Sigrid, auch dir wünsche ich all das und das verankerte Gefühl, dass du dich selbst lieben darfst, weil du eine wahnsinnig lustige, eloquente, starke und vorbildliche Frau bist. Solltest du dich in einem Moment wiederfinden, indem du wieder von dir behauptest, niemandem zu dienen, dann lies dieses Buch erneut. Du und deine zahlreichen Anekdoten bleiben mir für ewig in Erinnerung. Danke auch dir, von Herzen!

Wir alle hielten uns während unseres Abschieds mit unseren liebevollen Worten eher bedeckt. Zwar entgegneten wir uns immer mal wieder nette Kommentare, doch wir wussten auch, dass der Tag des Abschieds näher rücken würde. Auch wenn wir hofften, dass ein Wiedersehen irgendwann möglich sein würde, war dieses nie gewiss. Wir wussten ebenso, dass unsere Begegnungen im Zeichen der Endlichkeit standen und wir nie wussten, ob alt oder jung, wann wir den Löffel letztlich dann trotzdem abgeben würden. Erinnerst du dich an das Kapitel, in welchem ich über verpasste Möglichkeiten schrieb, seine Großeltern regelmäßig zu besuchen? Am Tag der Abreise hätte ich ihnen so vieles sagen wollen, konnte es aber nicht. Ich hole es hier schriftlich nach, verspreche mir aber selbst, dass ich den folgenden Satz später nie brauchen werde und empfehle es dir ebenso:

Ach, hätte ich doch bloß …

ZUHAUSE IST KEIN ORT

In der Zeit nach dem Reha-Aufenthalt begann die eigentliche Arbeit. Mit mir und meinem System. Ich nahm mir felsenfest vor, den eigenen Druck, sofort funktionieren zu müssen, zu nehmen. Jeder Patient, der die Klinik verließ und noch in der Berufswelt war, haderte mit sich selbst und trug eine Schwere an Sorgen mit, welche das Erlernte während der Reha relativierte. Wir lernten, dass wir nur uns selbst Rechenschaft schuldig waren und ausschließlich wir mit unseren individuellen Entscheidungen zufrieden sein mussten. Stichwort: Positionierung. Wenn wir also in uns hineinhorchten und merkten, dass wir noch nicht so weit waren, dann waren wir es eben noch nicht. Auch den Gedanken, den unsere Systeme zu pflegten, nach einem Reha-Aufenthalt käme man gestärkter und voller Tatendrang zurück, muss ich hier negieren. Natürlich gibt es auch Reha- oder Kurorte, die für Erholung sorgen und nach welchen man eventuell so zurückkommt. Reha ist aber nicht gleich Reha – besonders dann nicht, wenn man hier traumatische und niederschmetternde Erfahrungen auf- und bearbeitet. Ich spreche hier in erster Linie für mich und über das, was ich erlebt habe.
In diesen drei intensiven Wochen durchlebte ich die volle Bandbreite an Emotionen, erhielt Informationen rund um das Thema Gesundheit, Hirntumor, Schwerbehindertenrecht, Aufmerksamkeit etc.

Besonders anspruchsvoll und lehrreich war die intensive Arbeit mit der Psychotherapeutin. Auch diesen Teil missachten wir oft: was bedeutet es eigentlich, wenn ein Mensch eine Krebsdiagnose erhält und die weiteren Schritte, gefolgt von Operationen oder Chemotherapien, wie in unseren Fällen, durchlebt? In meinem Fall kann ich nur sagen, dass der psychische Anteil meiner Erkrankung nicht chirurgisch mitbehandelt wurde. Mit dem Entfernen des Tumors und dem Zurücklassen einer langen Narbe am Kopf blieben leider Ängste und weitere Emotionen, die dadurch noch schwerer wogen. Dementsprechend ließ ich die Arbeit mit mir zu, weil die Last zu hoch und der Moment da war, endlich loszulassen. Aus diesem Grund wurde nicht nur der Hirntumor, als begleitendes Trauma, behandelt, sondern auch Themen, die mich mein Leben lang verfolgt hatten und durch diesen Schicksalsschlag nicht mehr zu ertragen waren.

Die Antworten auf meine Fragen hatte ich erhalten und den Weg zur Heilung erkannt: die Selbstfürsorge durfte also nun beginnen. Das kleine, innere Kind sollte nun gefunden und allmählich wieder geliebt werden. Diese Arbeit erforderte allerdings, dass ich all die Themen, die hier in den verschiedenen Kapiteln aufkamen, allmählich bearbeitete. Tag für Tag und zunächst allein. Mit der notwendigen Zeit und Geduld.

Ich begann mit dem ersten Schritt, meinem Umfeld klar zu kommunizieren, in welcher Situation ich mich befand und dass ich mich zunächst um mich kümmern wollte. Ob privat oder beruflich – ich wollte mit meiner Positionierung zufrieden sein und keine Angst vor der Reaktion haben. Ich sollte nun wissen, dass ich nicht immer leisten musste, um geliebt zu werden. Es erforderte einigen Mut und mehrere Ansätze, um die Nachrichten zu versenden, dass ein beruflicher Ausfall für das gesamte Schuljahr vorgesehen wurde. Man sprach aus ärztlicher Sicht von der Herstellung der Rekonvaleszenz, also des vollständigen Genesungs- und Heilungsprozesses. Zu genesen bedeutete für mich nicht, die Belastbarkeit auszutesten. Es bedeutete für mich nicht, alsbald wieder lächelnd vor meiner Klasse zu stehen, während die Haare noch nicht einmal nachgewachsen waren. Es bedeutete ebenso nicht, aus der Angst heraus, andere könnten schlecht über mich denken, in alte Fußstapfen zu treten und das Rad von Neuem zu drehen. Hauptsache wieder funktionieren!

Ich wollte nicht mehr nur funktionieren, denn ich war nicht mehr die Alte. Ich wollte nicht diejenige sein, die viel gelernt und am Ende nichts davon umgesetzt hatte. Ich kannte und kenne solche Menschen, die groß posaunen, was sie alles gelernt hätten, und in der nächstbesten Situation verhalten sie sich genau gleich. Ich wollte nicht die Person sein, die ich bemitleiden würde, weil sie ihre eigenen Bedürfnisse überging, nur um andere nicht zu enttäuschen oder wieder in ein altes System zu passen. Ich hatte mich verloren, über Jahre hinweg, und durch meine Diagnose einmal den Schleudergang in Richtung ungewisse, aber selbstbestimmte Zukunft eingelegt. Sich daran zu gewöhnen, dass sich noch vieles ändern durfte und konnte, durfte seine Zeit kosten. Ich war bereit, diesen neuen Weg zu gehen. Ich wollte mein eigenes Zuhause wiederfinden, aufbauen und mich darin wieder wohlfühlen. Denn ich war mein eigenes Zuhause, und ich war bereit, mein Zuhause neu zu dekorieren.

Ich finde es erstaunlich, liebe/r Leser/-in, dass wir manchmal richtig Knock-out geschlagen werden müssen, um wieder klarer zu denken. Über 33 Jahre verfolgte ich immer wieder gleiche Verhaltensmuster, ließ Korkenzieher Moves für sich sprechen und erkannte mich selbst gar nicht mehr wieder. Ich hatte nun regelrecht eine Ablehnung gegenüber dem Funktionieren entwickelt, weil ich feststellte, dass ich genau das jahrelang verfolgt hatte.

Wie geht es dir dabei, wenn du das liest? Fühlst du mehr als du funktionierst? Gibst du dir Zeit, wenn du sie brauchst?

VOM FÜHLEN UND FUNKTIONIEREN

Ich erinnerte mich daran, was mir meine Psychotherapeutin bei der Abreise sagte: „Ihre größte Stärke ist ihr Kopf – ihre größte Schwäche ist ihr Kopf." Dieser Satz wirkt noch immer sehr.

Ich war mir bewusst, was ich sofort umsetzen wollte, und tat es. Ich kommunizierte meine Bedürfnisse, ich kommunizierte meinen geplanten Ausfall. Die Rahmenbedingungen für die weitere Heilung waren somit gegeben, doch was tat ich dann?

Ich verfiel erneut in ein altes Muster und lenkte mich pausenlos ab. Ich vereinbarte Termine, hielt mich beschäftigt, machte Sport, stürzte mich in das Durchforsten von Weiterbildungsmöglichkeiten und fand mich erneut in der Spirale der Zukunftsplanung wieder. Ich hatte keine Ahnung, wie es weitergehen würde und dennoch versuchte ich jegliche Zukunftsmusik zu planen. Dabei hatte ich doch gelernt, dass ich im Hier und Jetzt leben sollte? Das, was ich eigentlich verarbeiten wollte, nämliche alle Eindrücke, Erkenntnisse und auch die Diagnose selbst, die ich mental gern an letzte Stelle setzte – verdrängte ich erneut. Ich erkannte all das eine Woche nach der Reha:

Ich begann den Tag mit meiner neuen Alltagsroutine. Aufstehen, Tabletten nehmen (ich nahm aufgrund des Eingriffs Antiepileptika), Sportkleidung anziehen und ein Workout machen. Es fühlte sich gut an, den Tag damit zu starten. Ich gewöhnte mir an, danach meine Gedanken in ein kleines Notizbuch aufzuschreiben. Es sollte kein reines Dankbarkeitsjournal werden, aber auch kein reines Tagebuch – eher ein intuitives Morgenaufzeichnen. Ich eignete mir an, bereits in der Früh mit positiven Gedanken zu starten. Fiel mir das schwer, bediente ich mich an einem Kartenset an „Affirmationen und Aufmerksamkeit." Ich begann zu manifestieren und schrieb täglich auf, dass ich gesund war und Tag für Tag immer mehr heilte. Ich verinnerlichte das Gefühl des Gesundseins. Meine Routinen taten mir gut und ich fühlte mich wohl.

Ich konnte den gesamten Vormittag bis zum Mittagessen damit verbringen. Irgendwann hatte ich aber keine Routine mehr und Freiraum im Alltag. Ich bemerkte in der Stille, dass sich allmählich Unbehagen in mir breitmachte. Ich verstand es allerdings noch nicht. Hey, merkst du es? In der Stille stellte ich fest, dass etwas in mir aufkam, das gefühlt werden wollte. Es war ein unschönes Gefühl. Wer will da freiwillig reintauchen? Es war eigentlich genau das, was ich hätte tun sollen. Stattdessen räumte ich Gegenstände hin und her, erledigte, was man erledigen konnte, und irgendwann fiel mir nichts mehr ein. Ich erinnerte mich, dass ich in der Reha in solchen Situationen malte.

Also entschied ich, in die Stadt zu gehen und mir Malutensilien anzulegen. Seit dem epileptischen Anfall ging ich ungern in die Stadt – das Erlebnis in Kassels Innenstadt unterstrich dieses Gefühl nur. Mir war aktuell noch nicht danach, Menschenmengen und Trubel fühlen zu müssen. Wusste ich das? Ja. Ging ich trotzdem los? Verdammt, ja!

Obwohl ich es besser wusste, machte ich erneut diesen Fehler. Doch – wie wir wissen – der beste Lehrer ist dein letzter Fehler, denn so war es auch.

Ich lief in die Stadt, und es dauerte keine zehn Minuten, dass ich Magenkrämpfe bekam, die den Gedanken eines nächstbesten Fluchtorts in mir hochsteigen ließen. Wo ist die nächste Toilette? Ich will aber nicht gehen! Ich möchte mir jetzt Farben kaufen! Ich lief und lief und lief … Diese Szenerie ist immer gleich aufgebaut, ob in Kassel in der Innenstadt oder in Heilbronn in der Heimat.

Kurz vor dem Ziel kapitulierte ich und betrat schweißgebadet den vor mir einzigen Fluchtort, der sich mir bot: kein Buongiorno, sondern ein Merhaba aus tiefstem Herzen - einen Dönerladen. Ich stieg schnurstracks die Treppen zu den Toiletten hinunter und erlaubte meinem Körper den Rückzug, den er sich wünschte. Ich versuchte, mich selbst nicht dafür zu bestrafen und beschloss, das nun umzusetzen, was ich gelernt hatte.

Ich verließ die Toilette, nahm gemächlich die Treppenstufen nach oben und stieß widerwillig auf ein bekanntes Gesicht. „Hey Crissy, schön dich zu sehen. Alles klar?", fragte Juli zuvorkommend. Noch immer perlten Schweißtropfen von meiner Stirn.

Was konnte ich nach so einem Toilettengang antworten? „Ja, hatte gerade eine Reizdarm Session – gerade nochmal Glück gehabt. Bei dir alles gut?" Ich entschied mich für ein eloquentes

„Eh… ja – alles okay." Juli blickte mich fragwürdig an und fragte erneut: „Ist sicher alles okay?" Das „Sicher – alles – okay" traf mich mitten in meine Gefühlswelt und ließ mich mitten im Dönerladen in Tränen ausbrechen.

Erinnerst du dich noch an den Mann in der Reha, der mir sein gesamtes Leid ans Bein band? Der Energiefresser? So in etwa fühlte ich mich, als ich Juli meine gesamte Gefühlswelt offenbarte. Ich erzählte ihm von der überraschenden Diagnose, von meinen Tiefpunkten, von meiner Reha-Erfahrung und von meinem verzweifelten Versuch, Malutensilien zu kaufen, die zu dieser Begegnung geführt hatten. Ich entschuldigte mich mehrmals für meinen Ausbruch und sammelte mich wieder.

„Du brauchst dich nicht zu entschuldigen. Alles gut, lass es raus!", forderte Juli mich auf und umarmte mich. Komischerweise fühlte ich mich gar nicht wie eine Energiefresserin. Vielleicht lag es auch daran, dass Juli wirklich in der Lage war, für mich da zu sein, ohne sich danach beladen zu fühlen? Ich weiß es nicht ... Jedenfalls bemerkte ich, dass dieser Druck, den ich den ganzen Tag bereits verspürt hatte und versuchte durch Ablenkung zu ignorieren, endlich gelöst war. Die permanente Suche nach Beschäftigung und Ablenkung hielt mich davon ab, das Fühlen zuzulassen. Ein lapidares „Alles klar?", das wir normalerweise problemlos mit „Ja" beantworten würden, führte zum emotionalen Ausbruch.

Ich muss dazu sagen, dass Juli kein enger Freund war. Ähnlich zu den Gesprächen in der Reha mit Menschen, mit denen ich normalerweise nicht gesprochen hätte, so gestaltete sich diese Situation mit Juli, dem ich niemals mein Leid offenbart hätte – und doch, tat mir genau das sehr gut. Niemals hätte ich vor ihm geweint. Wenn ich nun darüber nachdenke, würde ich das nicht mehr verneinen, doch ich würde heute eine Freundin anrufen und in ihren Armen weinen – Hilfe annehmen ist okay. Gefühle zulassen ist okay. **Du bist okay.**

Im Übrigen ist der letzte Spruch ein Erinnerungsüberbleibsel aus dem Referendariat, welches mein Mentor mir auf einem Post-it auf meinen alten Platz klebte: Du bist okay. Er weiß nicht, dass ich dieses Post-it noch immer aufbewahre. Falls du dieses Buch jemals liest, Klaus, du warst und bist noch immer einmalig in meiner Erinnerung.

Nach den tröstenden Worten meines Bekannten, ging ich etwas befreiter weiter, um die Malutensilien zu kaufen. Im Nachgang wurde mir aber klar, dass ich gar nicht mehr malen brauchte, denn ich hatte meinen Gefühlen bereits Ausdruck verliehen.

Zuhause angekommen wurde mir klar, dass ich das Funktionieren ablegen und mehr ins Fühlen kommen durfte. Ich wollte erkennen, dass das Weinen kein Zeichen von Schwäche war und mir dabei half, Gefühle loszulassen. Meine Routinen waren sehr gut, doch bei all dem Funktionieren durfte ich nicht vergessen, dass ich noch sehr viel fühlen und verarbeiten wollte.

„Meine größte Stärke und Schwäche ist mein Kopf" – und mein Herz, denn das fühlt wieder stärker. Endlich spürte ich – mich und meine Bedürfnisse wieder.

WHAKATAUNGA

„Da musst du jetzt wohl durch. Du hast einen Kampf vor dir. Dir steht nun dies und jenes bevor." Ehrlich gesagt – Whakataunga – einen Scheiß müssen wir. Wir sind nicht umsonst die Generation, die carpe diem und sapere aude am liebsten auf die Stirn tätowieren würde. Wir wollen den Tag genießen und bedienen uns unseres Verstands, um genau die Dinge im Leben anzuziehen, die wir brauchen. Wenn Glasperlenspiel uns ein geiles Leben wünscht, dann mit Champagnerfeten und vielem mehr.

Ich wünsche dir nach dieser Lektüre, dass du dich in dein eigenes Scheinwerferlicht setzt: Wer bin ich? Wer will ich sein? Was brauche ich, um das zu sein? Was kann ich aus dem ganzen Erfahrungsschatz für mich mitnehmen? Im gesamten Buch geht es zwar um meine Geschichte, aber eigentlich geht es um uns alle.

Sieh noch einmal hin: die alte Dame, die sich nicht vor dem Tod fürchtet, ihr Leben lebte so wie sie es mochte. Jeder Patient, der sich furchtlos mit sich selbst auseinandersetzte und alles auf sich nahm, um den Hercules metaphorisch an den Eiern zu packen. Die Frau, die mit hohem Alter, noch immer wegzog, um glücklich zu werden. Marlies, die durch das Leben tanzte, selbst wenn der Krebs grüßte. Uwe, der in jeder Neckerei etwas Liebe für seine Mitmenschen packte und selbstlos verschenkte. Sigrid, welche Salz für die ganze Welt sammelte (kleiner Scherz), … ich kann die Liste ellenlang führen, ich möchte aber zum Punkt kommen.

Wenn ich an all die Menschen denke, die sich trotz Niederlagen, Diagnosen, Traumata oder sonstigen Schicksalsschlägen nicht unterkriegen lassen, sich nicht vor dem Tod fürchten und aus ihrem Leben genau das machen, was sie sich wünschen - dann verbleibe ich sprachlos und voller Faszination. Wie unfassbar inspirierend ist es, wenn du aus deinem eigenen Leben genau das machst, was du willst. Ja, – jeder von uns bekommt sein eigenes Leben geschenkt – wir bekommen es einfach so, und dass, obwohl keiner von uns etwas dafür leisten musste. Keine Schufterei – einfach ein Geschenk. Wir können doch mit Geschenken nicht so leichtsinnig umgehen?
Ich will mein Whakataunga nicht einfach so annehmen, wie die Tage fallen. Ich will mich dem nicht einfach beugen, als hätte ich keine eigene Wahl oder Stimme. Ich habe den Mut, die Willenskraft, die Stärke, die Kreativität und die Möglichkeit, alles zu erreichen, was im Rahmen meines Whakataunga möglich ist und du genauso! Ich lasse keine Gelegenheit aus, es so zu formen, wie es mir gefällt. Mit allen Einschnitten, allen Einkerbungen, allen Umwegen und allen Niederlagen. Ich muss dir dazu sagen, es fällt mir nicht leicht, denn ich spreche vor dir mit der Gewissheit, einen Tumor zu haben, der gern wiederkommen möchte und von dem ich nicht weiß, ob er überhaupt ganz entfernt wurde. Da ich aber eine Scheibe Marlies nun in mir trage, konzentriere ich mich auf den Tanz meines Lebens und lade den ungebetenen Gast vorerst aus.
Ich wünsche mir sehr, dass meine Geschichte und die Geschichten der anderen in meinem Buch, dich ebenso inspirieren und du dich fortan positionierst, wenn du es nicht bereits tust. Gibt es da eine Stimme? Gibt es da ein Bedürfnis, das hochkommt und gehört werden möchte? Ignoriere es nicht, wenn es kommt.

Ich hoffe, dass du nach jedem Schicksalsschlag oder jeder Niederlage den Kopf einmal kräftig in den Sand steckst, wenn es sein muss, und du es nicht bewertest. Wenn du dafür einmal eine Pizzeria oder einen Dönerladen stürmen musst, dann tu es! Es gehört zum Lernprozess dazu. Vergiss nicht, ab und an ein Schokokeks geht auch klar.

Apropos Kopf in den Sand - jeder braucht mal ein wenig Sand um die Ohren. Neues Gefühl – neue Erfahrung – neue Verbindung. Großartig für das Gehirn! Wichtig ist aber, dass du den Kopf dann wieder herausziehst und dich daran erinnerst, dass oben die Sonne scheint. Du wirst sie nicht sehen, wenn der Kopf vergraben bleibt. Es wird dir auch nicht helfen, wenn dir jemand sagt, dass es die Sonne gibt, wenn du sie selbst nicht mehr suchst.

Verstehst du, wie viel von uns selbst abhängt? Ich wünsche mir so sehr, dass es immer bergauf gehen würde, aber ich weiß, dass Whakataunga uns immer wieder testen wird. Schönes erkennen wir leider auch erst dann, wenn wir Unschönes erleben mussten. So soll es also sein.

Was zum Henker Whakataunga ist, fragst du dich sicher schon seit mehreren Zeilen. Ich werde es dir sagen – ich suchte nach einem Wort, dass das Gefühl von Ernsthaftigkeit nicht trägt und irgendwo belustigend klingt. Ein Wort, das zeigt, dass es von den Lauten her mal abgehakt, mal rund wirkt. Eine Lautmalerei, die das Wort selbst nicht schöner beschreiben kann.

Du bist mehr als nur dein Whakataunga.
Du bist mehr als nur dein Schicksal.

(Whakataunga bedeutet Schicksal auf maorisch).

EPILOG

Am traurigsten und doch am schönsten sind meine letzten Worte; dass die Geschichte hier endet, aber unsere beiden Leben weitergehen. Wie beendet man denn ein Buch, das lediglich eine Periode auf der Lebensachse darstellt? Wie beendet man den Prozess der eigenen Entwicklung, wenn dieser doch noch nicht abgeschlossen ist? Du sagst es – gar nicht. Wir haben genau das vorliegen, wovor wir uns im Leben am meisten fürchten, und das, was wir eigentlich nicht wahrhaben möchten. Ein offenes Ende ohne bestimmten Ausgang. Kein *Cliff Hanger* und auch kein märchenhaftes *Happy End*, tut mir leid.

Ich befinde mich noch immer auf meiner eigenen Reise zwischen Unsicherheiten, Möglichkeiten, Zufällen, Tatsachen, und selbstgelenkten, neuen Perspektiven. Die Diagnose und das, was im Anschluss passiert ist, bleibt; das ist faktisch betrachtet sicher. Wie sich mein Leben und das meiner Gemeinschaft aus der Geschichte entwickeln wird, steht in den Sternen oder irgendwann in einem weiteren Buch. Lasse keinen Gedanken daran unversucht, liebes Whakataunga. Die Erfahrung, die ich in dieser kurzen Zeit sammeln durfte, wird mich sicherlich noch lange bereichern, denn sie öffnete mir die Augen:

Alles, was wir erfahren und erleben, ist lediglich eine Frage der Bewertung. Wie gehe ich mit der Situation um? Wie empfinde ich diese? Was möchte ich tun, um die bestmögliche Lösung für mich zu erreichen?

Das erstrebenswerteste Ziel in jeder Situation ist mit großer Sicherheit Zufriedenheit und Glück. Auch bei einem schweren Schicksalsschlag oder bei Schwellenstellen im Job, Privatleben oder Sozialleben wünschen wir uns nichts sehnlicher als ausgeglichen und zufrieden zu sein. Dementsprechend geht es nicht immer um die bestmögliche Variante, besonders nicht für die Außenwelt, sondern um ein Ergebnis, das deine ganz eigene Balance und Zufriedenheit oder deinen Ursprungszustand wiederherstellen. Wenn du möchtest, wähle den Begriff Resilienz, denn auch dieser umschreibt das. Hast du deine Balance schon gefunden?
Meine war, auch wenn es keiner inklusive mir sah, absolut im Ungleichgewicht. Ich befand mich vor meinem Reha-Aufenthalt in der Situation, dass ich nicht in meinen ursprünglichen Zustand zurückkehren konnte. Ich erkannte, dass ich, auf mich allein gestellt, die Lösung vorerst nicht finden würde. Ich durfte und musste Hilfe annehmen, für die ich heute sehr dankbar bin. Wenn du also während deines Balanceakts auf Hilfe angewiesen bist, nimm sie an. Du schenkst nicht nur dir, sondern auch deinen Mitmenschen ganz viel, wenn du Hilfe annimmst. Eventuell nicht zu Beginn, aber später ganz sicher. Wieso ist Hilfe zu erfragen heutzutage so ein Schwereakt für uns? Dabei gehört das zu unseren glückserfüllenden Ressourcen – wir freuen uns, wenn wir einander helfen können. Es geht sogar noch einen Schritt weiter. Wer sich nicht helfen lässt, verweigert anderen das gute Gefühl, jemandem helfen zu dürfen. Es gibt also gefühlt paradoxerweise kaum etwas Egoistischeres, als andere nicht mit seinen Problemen nerven zu wollen.

Ich war in meinem Zustand des Schocks und der Desillusionierung dermaßen starr in meiner Wahrnehmung, dass ich auch das Positive zunächst nicht wahrnehmen konnte und Hilfe nötig hatte. Was ich nun nach intensiver Auseinandersetzung mit mir und der zusammengewürfelten Gemeinschaft, in welcher ich mehrere Wochen verbringen durfte, wieder erleben konnte. Von dieser Bereitschaft, Hilfe zuzulassen und anzunehmen, profitierten wir alle – eventuell auch du.

Er-leben vs. Über-leben. Ich glaube, dass viele meiner Bekanntschaften dort verschiedene Stadien des Über- und Erlebens durchliefen. Es ist urmenschlich, dass wir in Gefahrensituationen einfach nur überleben. Nichts anderes ist es, wenn Menschen sagen, dass man stark sei. Hier geht es sicherlich nicht darum, achtsam und zufrieden den Kampf zu bestehen. Kurz nach einer niederschmetternden Diagnose fällt es doch schwer, mehr als nur das Überleben zu sichern. Genauso funktionieren wir eben auch unterbewusst. Erlebst du schon oder überlebst du noch? Entschuldige, dass es sich etwas, wie ein Ikea Slogan anhört – ich kann nicht anders.

Wie wichtig ist ein wertfreies, freundliches und wohlwollendes Miteinander und wie viel Energie gewinnt man aus so einer Gemeinschaft! Hast du so eine Gemeinschaft in deinem Leben? Falls noch nicht – sei dir sicher, dass du diese Menschen anziehen wirst, wenn du es zulässt. Wir Menschen profitieren von wertvollen Verbindungen, ohne großen Aufwand dafür betreiben zu müssen. Demnach genoss ich die positive Energie nur durch die Anwesenheit der beschriebenen Personen vor Ort. Lass uns nicht vergessen, dass viele dieser Menschen teilweise schlechte Lebensprognosen hatten und dennoch jeden Morgen strahlend unter die Menschenmenge traten.

So unterschiedlich die Menschen und ihre Geschichten waren, ich verband mich mit allen. So erhielt ich das Gefühl, nicht allein zu sein, und relativierte meine eigene Diagnose und zuletzt auch mein Schicksal. Ich begann, das Erfahrene zu akzeptieren und beschloss, die Stellschrauben in Bewegung zu setzen. Du erinnerst dich an die ursprüngliche Frage: Was tust du, wenn das Schicksal dich zu einem Gespräch einlädt?

Was ich im Vorfeld immer humorvoll überspielte oder mit meiner felsenfesten Fassade unantastbar machte, ließ ich nach und nach Realität werden. Mit meinem ersten Buch *Liebes Tagebuch* hatte ich intuitiv den ersten Schritt in diese Realität gewagt. Nun den zweiten. Ich möchte noch so viele Schritte gehen, denn ich spüre, dass ich dafür gemacht bin, nicht nur andere Menschen zu bewegen, sondern auch mein Schicksalsrädchen zu drehen. Ich hoffe, dass ich dich mit meiner Geschichte und meiner persönlichen Wahrnehmung mitreißen konnte und dass du nun viel Positives für dich daraus ziehen kannst.

Zum Schmunzeln gebe ich dir noch mit, dass jedes Erlebnis eine Art mentales Training für mich war: jedes Mal notierte ich mir Schlagworte auf meinem Handy, damit ich die wichtigsten Punkte nicht vergaß. Es war in einer Weise anstrengend, aber ich wusste, dass diese Erfahrung nicht nur meine alleinige bleiben sollte. Also danke ich dir erneut, dass du meinem mentalen Training einen Sinn gegeben hast.

Ich verabschiede mich mit einer letzten Anekdote, welche uns meine Psychotherapeutin zum Schluss einer Sitzung mitgegeben hatte:

Wir Menschen erfahren im Laufe unseres Lebens den ein oder anderen Schicksalsschlag. Situationen, die uns verletzen. Erfahrungen, die uns prägen. Nichts hinterlässt uns so, wie wir zuvor waren. Wir verändern uns, bewusst oder unbewusst, und das ist wirklich gut so. Wir sind anpassungsfähig, ganz im Sinne der Resilienz. Wir versuchen also, einen ursprünglichen Zustand zu erreichen. Wenn dieser nun, wie bereits angekündigt, nicht ganz so erreicht werden kann – dann bleibt uns nichts anderes übrig, als die Stellen so zu reparieren, dass das große Ganze wieder widerstandsfähiger werden kann. Ohne große Floskel: wir wollen uns wieder fit, glücklich, motiviert, gesund, voller Lebensfreude – ganz fühlen. Nun gibt es eine spezielle Reparaturmethode in Japan, welche Kintsugi genannt wird, nach welcher gebrochene Keramik- oder Porzellanstücke mit einem Urushi-Lack, der feinste Mengen aus Pulvergold oder anderen Metallen wie Silber oder Platin enthält, geflickt bzw. repariert werden. Die zerbrochenen Stücke werden zusammengefügt, geklebt und mit diesem Urushi-Lack versehen, sodass die Bruchstücke wie eine wunderschöne Verzierung aussehen. Wahrhaftig ein dekoratives Meisterwerk. Wir sind alle ein wenig Kintsugi – wir tragen physische und psychische Verletzungen in uns, welche wir selbst oder mithilfe von anderen heilen konnten. Wir sind vielleicht stellenweise gebrochen, doch es gibt nichts, was wir nicht wenigstens versuchen können zu reparieren. Allesamt gold- oder platinverzierte Porzellanschmuckstücke – jeder für sich individuell, einmalig und ganz besonders.

Schau dich an! Was für ein schönes Kunstwerk bist du geworden!

Ein Kunstwerk mit einem eigenen Whakataunga

ÜBER DIE AUTORIN

Cristina Baglio ist 1990 geboren und leidenschaftliche Lehrerin an einer Gemeinschaftsschule, wo sie mit Begeisterung die Fächer Französisch und Deutsch unterrichtet. Doch außerhalb des Klassenzimmers entfaltet sie eine andere Seite ihrer Kreativität: Cristina liebt es, auf Bühnen zu stehen, wo sie singend und unterhaltend das Publikum verzaubert.

Ein einschneidendes Erlebnis verändert ihr Leben: Die Diagnose eines Hirntumors führt sie dazu, das Schreiben als Ventil und Ausdrucksmittel zu entdecken. Diese Erfahrung verändert ihre Sicht auf das Leben tiefgreifend und bringt sie dazu, ihre Zeit und Energie in das zu investieren, was ihr wirklich am Herzen liegt. Während ihrer Zeit in der Reha-Klinik lernt Cristina unheimlich viel über sich selbst und das Leben. Diese wertvollen Erkenntnisse und Erfahrungen möchte sie nun teilen und anderen helfen, ihre eigenen Herausforderungen zu meistern.

Mit ihrem Debüt "Liebes Tagebuch" und dem zweiten biografischen Werk „Du bist mehr als das Schicksal" öffnet Cristina die Türen zu ihrem eigenen Leben und lädt die Leser/-innen ein, sie auf eine intime und authentische Reise zu begleiten. Ihre ehrlichen und detailreichen Erzählungen bieten nicht nur einen tiefen Einblick in ihre Erfahrungen, sondern regen auch dazu an, das eigene Leben zu reflektieren und neu zu betrachten.

Cristinas Geschichte ist ein inspirierendes Zeugnis für die Kraft des menschlichen Geistes und die transformative Kraft des Schreibens.